WBO 82/0706 2

TELEPEN

D1325802

LLYFRGELL
LIBRARY
ABERYSTWYTH

Conocer
NERUDA
y su obra

Alberto Cousté

DOPESA

June'

COLEG PRIFYSGOL CYMRU
THE UNIVERSITY COLLEGE OF WALES
A Y STWYTH

C. No. 8082107062

CLASS No. PQ 8097 N4Z6 C8

Colección dirigida por Higinio Clotas
© Alberto Cousté
Cubierta: Estudio Gráfico Gest-Høverstad
DOPESA
Cardenal Reig, s/n
Teléfono 334 20 00
Barcelona-28
Depósito Legal: B.17502-1979
I.S.B.N.: 84-7.235-403-2
Primera edición: Abril 1979
Printed in Spain
Impreso en España
Impreso en Ingemesa. Cardenal Reig, s/n. Barcelona-28

Indice

Índice

*para el Mauro y el Francesc,
esta primera cosecha del Por-
tal del Maestrazgo*

1923: el rostro y la actitud que produjeron **Crepusculario**

Introducción

Rubén Darío y Pablo Neruda son, sin ninguna duda, los dos autores que mayor influencia han ejercido sobre la poesía en lengua castellana de este siglo. Pero el chileno sobrepasa aún al nicaragüense en lo que respecta a la difusión de su obra: puede afirmarse que —después de Cervantes— ningún autor, en la historia de las literaturas hispánicas, ha conseguido una audiencia parangonable a la de Neruda. Sus traducciones se cuentan por centenares —desde la totalidad de las lenguas europeas, hasta casi inconcebibles versiones al uzhbeco, urdú o bengalí—, sus ediciones por miles; el número de ejemplares que llevan su nombre en la portada, a lo largo y a lo ancho del mundo, por decenas de millones. En vida, recibió además casi todos los premios y homenajes a los que puede aspirar un escritor: hasta llegar al Premio Nobel —que le fue otorgado en 1971, y al que era candidato desde veinte años antes— su carrera estuvo jalonada de otros incontables premios —municipal y nacional de literatura de su país, el Atenea, el italiano Viareggio, el Internacional de la Paz, el Stalin—, de numerosos doctorados honoris causa por diversas universidades americanas y europeas, de condecoraciones, de honores académicos, de invitaciones como huésped oficial de jefes de Estado, de homenajes populares que llegaron a colmar estadios por su sola presencia.

Aparte de las razones extrapoéticas que colaboraron a la incomparable popularidad de Neruda, no cabe duda —y sólo la mezquindad de sus enemigos puede discutirlo— que es precisamente en la naturaleza de su poe-

sía donde hay que ir a buscar la causa primera y última de esa popularidad. Queda para el desarrollo de este libro —una vez revisadas la poética y la ejecutoria personal de Neruda— el intento de analizar esa naturaleza profunda, los elementos originales que el poeta puso en movimiento para acceder a ella y, simultáneamente, transmitirla a tan vasto como fervoroso público universal. Aquí, conviene reproducir algunos conceptos de Karl Hagnar Hierow, secretario de la Academia Sueca, que comparto y apuntan en la dirección de mis mismas conclusiones sobre el «fenómeno Neruda».

El Premio Nobel de Literatura de este año —*dijo, en ocasión de la entrega, en Estocolmo*— ha sido adjudicado a un contencioso autor que no sólo es discutido sino que para muchos también es discutible. Pero el hecho de que esta discusión se haya mantenido vigente durante los últimos cuarenta años, prueba que su contribución es incuestionable. *Después de recordar los ya clásicos juicios de García Lorca y de Juan Ramón Jiménes sobre Neruda* (Poeta más cerca de la sangre que de la tinta, *lo definió el primero*; Gran mal poeta, *lo estigmatizó Juan Ramón*), *Hierow agregó:* El motivo por el cual la inventiva de la poesía nerudiana se ha pegado a nuestros oídos se debe a que su musa es avasalladora. Y hasta tal punto, que cabe preguntarse si existe cosa igual en la historia de la poesía. A los trece años de edad publicó su primer poema, a los veinte ya era un conocido poeta; en 1962 su producción poética superaba ya las dos mil páginas y, dos años después —cuando cumplió los sesenta— publicó cinco nuevos volúmenes de poesía bajo el título de *Memorial de Isla Negra*. Muchos nuevos títulos han visto la luz posteriormente, entre ellos obras maestras como *La barcarola*: ante tal oleaje de poesía, una corta presentación resulta insuficiente. En este mundo casi sin fin, hablar de un poema o de un libro resultaría ridículo: sería como tratar de achicar una embarcación de cincuenta mil toneladas con una cucharilla. Que toda esta gigantesca producción literaria se encontrara en un mismo nivel, sería sencillamente inconcebible. Quien desea encontrar el flanco débil en la poesía nerudiana, no necesita buscarlo mucho tiempo. Pero quien desea encontrar su flanco fuerte, no necesita buscarlo en absoluto.

Si se agregan los libros que Neruda publicó aún antes de morir, las ocho colecciones de poemas que se publicaron póstumamente, sus memorias, y los siete cuadernos de prosa varia que acaban de aparecer bajo el título de Para nacer he nacido, *las dos mil páginas mencionadas por Hierow suben a más de cinco mil, configurando un corpus bibliográfico que supera el medio centenar de títulos. Algo más, y de la mayor importancia, habría que agregar a esa capacidad creadora que el secretario del Nobel califica de avasalladora: su inconcebible diversidad; el cíclico recomienzo de una aventura poética, asaltada reiteradas veces con una suerte de estrategia en espiral.*

Un lugar común de la crítica nerudiana, establece precisamente la monotonía esencial del poeta, la repetición implacable de su temática y sus maneras. Creo que otros argumentos —como se verá en la Conclusión— pueden oponerse a la deificación poética de Neruda, pero no precisamente éste: jamás descansó en la tarea de cuestionar sus formas y sus contenidos; sus métodos de trabajo, su inspiración y su poética. Espero que este pequeño libro ayude a demostrarlo.

NOTA: El lector encontrará tal vez excesiva la *Cronología* que figura a continuación. Pero la vida del protagonista de estas páginas no lo fue menos, y aún hube de hacer un esfuerzo para descartar premios, viajes, congresos y acontecimientos de menor significación. La vastedad de la vida y obra de Neruda, y los límites de esta serie de divulgación parecían en principio incompatibles; la extensión que he dado a la *Cronología*, me ha permitido, no obstante, soslayar interminables precisiones biográficas en el cuerpo del libro, y ceñirme más a la evolución de la poética y de los grandes acontecimientos vitales del personaje. Creo que en beneficio de los propósitos de esta serie, y del mismo lector.

También he querido aligerar la lectura del texto, suprimiendo las llamadas correspondientes a cada una de las citas. Cuatro fuentes principales he manejado pará las referencias biográficas:

Memorias y recuerdos de Pablo Neruda, O'Cruzeiro Internacional; enero/julio, 1962;
Infancia y poesía, y otros textos autobiográficos, en las *Obras Completas;* Losada, Buenos Aires, 1967;
Confieso que he vivido, Seix y Barral, Barcelona, 1974; y declaraciones y recortes de archivo recogidas por Margarita Aguirre en:
Las vidas de Pablo Neruda; Grijalbo, Buenos Aires, 1973. En los casos en los que la información proviene de otra fuente, la referencia va al final de la cita.

Cronología

1904. El 12 de julio, en la localidad de Parral (Chile), nace Ricardo Eliecer Neftalí Reyes Basoalto, nombres y apellidos originales de quien sería Pablo Neruda. Sus padres son José del Carmen Reyes Morales, ferroviario, y Rosa Basoalto. Su madre —profesora de la Escuela de Niñas n.º 2 de Parral— muere tuberculosa al mes siguiente del nacimiento del poeta. El matrimonio Reyes-Basoalto no llegó a celebrar su primer aniversario: se habían casado en octubre de 1903.

1906. Don José del Carmen se traslada a Temuco, por entonces extremo sur de la civilización, y casa allí con Trinidad Candia Marverde. Al año siguiente, Neruda —quien por entonces aún no ha cumplido los tres años de edad— es llevado a vivir con el nuevo matrimonio.

1910. Neruda ingresa en el Liceo de Hombres, de Temuco, donde permanecerá hasta el fin de sus estudios, en 1920.

1917. El 18 de julio, apenas cumplidos los trece años, realiza su primera publicación. Es un artículo titulado «Entusiasmo y perseverancia», que recoge el periódico *La Mañana*, de la localidad donde vive.

1918. En el número 566 de la revista *Corre-Vuela*, de Santiago de Chile, correspondiente al 30 de noviembre, se publica por primera vez un poema suyo: se titula «Mis ojos», y lo firma como Neftalí Reyes. Antes de finalizar el año aparecen otros tres poemas en la misma publicación, y algunos otros en revistas literarias de los estudiantes de Temuco.

1919. Neruda publica numerosos poemas en *Corre-Vuela*, en *Selva Oscura* de Temuco, y en revistas de Chillán y Valdivia, empleando diversos seudónimos. Participa en los juegos florales del Maule, en los que obtiene el tercer premio con su poema «Nocturno ideal».

1920. En octubre adopta definitivamente el seudónimo Pablo Neruda para sus publicaciones, y el 28 de noviembre obtiene el primer premio en la Fiesta de la Primavera de Temuco. Preside el ateneo literario del liceo de la ciudad donde vive, y prepara dos libros (*Las ínsulas extrañas*, y *Los cansancios inútiles*) que no publicará, aunque algunos de sus poemas integrarán *Crepusculario*.

1921. Neruda viaja a Santiago, donde comienza a cursar la carrera de profesor de francés en el Instituto Pedagógico de esa ciudad. El 14 de octubre obtiene el primer premio en el concurso literario organizado por la Federación de Estudiantes de Chile, con su poema «La canción de la fiesta», que publicará de inmediato la revista *Juventud*.

1922. Colabora en la revista *Claridad*, participa en audiciones de poemas organizadas por el grupo literario *Vremia*, y es incluido en un número monográfico que la revista *Los Tiempos*, de Montevideo, dedica a la joven poesía chilena.

1923. *Crepusculario*, primer libro de Neruda, aparece en agosto con el sello de Ediciones Claridad, en cuya revista colabora intensamente a lo largo del año, firmando sus críticas literarias con el seudónimo de «Sachka».

1924. En junio es la edición original de *Veinte poemas de amor y una canción desesperada*, el más universalmente célebre de los títulos de la producción nerudiana.

1925. Neruda dirige la revista *Caballo de bastos*, y colabora en numerosas publicaciones. Primera edición de *Tentativa del hombre infinito*, mientras escribe *El habitante y su esperanza*. Viaja a Ancud y visita Temuco, donde permanece su familia. En Santiago, vive en cuartos de hotel compartidos con amigos.

1926. Primera edición de *Anillos*, y de *El habitante y su esperanza*. Texto definitivo de *Crepusculario*, en segunda edición y dedicado a Juan Gandulfo. Traduce a Rilke, y sigue publicando poemas en revistas literarias.

1927. Lo nombran cónsul *ad honorem* en Rangoon (Birmania), hacia donde parte el 14 de junio, vía Buenos Aires. En la capital argentina embarca en el *Baden* con destino a Lisboa. Un mes después está en Madrid, de donde pasa a París y Marsella antes de continuar viaje o Oriente: es la primera vez que sale de Chile. Se convierte en corresponsal de *La Nación*, de Santiago, que publicará regularmente sus crónicas. En Birmania conoce a Josie Bliss, con quien vive.

1928. Es nombrado cónsul en Colombo (capital de Sri Lanka, entonces Ceilán). Josie Bliss se reúne con él, pero la relación es cada vez más tumultuosa, y poco después se separan definitivamente.

1929. Asiste en Calcuta al Congreso Panhindú.

1930. Cónsul en Batavia (Java). Publica tres poemas en *Revista de Occidente*, de Madrid. El 6 de diciembre se casa con María Antonieta Hagenaar Vogelzanz.

1931. Cónsul en Singapur.

1932. Regresa a Chile después de casi cinco años de ausencia. En julio aparece la segunda edición, en texto definitivo, de *Veinte poemas de amor y una canción desesperada*.

1933. *El hondero estusiasta* y nueva edición, esta vez en Argentina, de los *Veinte poemas*. Con presentación de lujo y un tiraje de sólo cien ejemplares aparece la primera versión de *Residencia en la Tierra*, que incluye poemas escritos entre 1925 y 1931. El 28 de agosto viaja a Buenos Aires, donde ha sido nombrado cónsul. En octubre, en casa de Pablo Rojas Paz, conoce a Federico García Lorca.

1934. En mayo viaja a Barcelona, como cónsul de su país, y el 4 de octubre nace en Madrid Malva Marina, que será su única hija. En diciembre, García Lorca lo presenta en la universidad de Madrid. Por esas fechas, y en casa de Morla Lynch, conoce a Delia del Carril.

1935. En febrero es trasladado al consulado chileno en Madrid, ciudad en la que hace activa vida literaria. Los poetas españoles publican, en abril, un *Homenaje a Pablo Neruda*, y en setiembre aparece la edición ampliada —en tiraje, años y poemas— de *Residencia en la Tierra*. De octubre es el primer número de *Caballo Verde para la Poesía*, publicación fundada y dirigida por Neruda.

1936. Comienza la guerra civil española, y se produce el asesinato de Federico García Lorca. Neruda toma decidido partido por la causa republicana, comienza los poemas de *España en el corazón*, y es destituido de su cargo diplomático. Viaja a Valencia y luego a París, donde organiza y dirige, con Nancy Cunard, la revista *Los poetas del mundo defienden al pueblo español*. Se separa de María Antonieta Hagenaar.

1937. Funda en París, con César Vallejo, el Grupo Hispanoamericano de Ayuda a España. En octubre regresa a Chile, donde publica *España en el corazón* y preside la Alianza de Intelectuales para la Defensa de la Cultura.

1938. Se suceden las ediciones de *España en el corazón*, y se reeditan casi todas sus obras, en Santiago y en Buenos Aires. El 7 de mayo, en Temuco, muere su padre, y el 18 de agosto su madrastra. Aparece en París *Espagne au Coeur*, prologado por Louis Aragón, y poco después la edición española, tirada por Manuel Altolaguirre en pleno frente de batalla. En las elecciones de octubre, en Chile, triunfa Pedro Aguirre Cerda, candidato del Frente Popular, y Neruda recorre el país dando conferencias.

1939. El gobierno popular le nombra cónsul para la emigración española, con sede en París: durante meses de intenso trabajo Neruda consigue sacar de Europa, con destino a Chile, a numerosos refugiados españoles. Aparece *Las furias y las penas*, y la edición rusa de *España en el corazón*.

1940. Regresa a su país a comienzos de año, y continúa escribiendo el *Canto general de Chile* que, en una década de elaboración, se extenderá a toda América y se convertirá en el *Canto general*. En agosto va a México, su nuevo destino consular.

1941. Realiza un viaje a Guatemala, y a su regreso es nombrado doctor *honoris causa* por la universidad de Michoacán. En diciembre, durante una visita a Cuernavaca, es agredido por un grupo nazi, en respuesta a lo cual recibe la adhesión de cientos de intelectuales de toda América.

1942. Viaje a Cuba. Publicación de los primeros anticipos del *Canto general*. Muere en Europa su hija Malva Marina.

1943. Se suceden las ediciones nerudianas en México, Lima, Bogotá, Santiago. Es invitado a Nueva York por La Voz de las Américas. El 27 de agosto termina su misión en México, y le es ofrecida una despedida a la que asisten dos mil personas. Regresa a Chile en un largo viaje con numerosas etapas: Panamá, Colombia y Perú le tributan honores, y en este último país visita las ruinas de Macchu-Picchu, expedición decisiva para una de las cumbres del *Canto general*. Llega a Santiago el 3 de noviembre. Pronuncia conferencias.

1944. Obtiene el Premio Municipal de Poesía. Nuevas ediciones de sus obras en Nueva York y en Buenos Aires.

1945. El 4 de marzo es elegido senador de la república por las provincias de Tarapacá y Antofagasta. Obtiene el Premio Nacional de Literatura de su país. El 8 de julio ingresa en el Partido Comunista de Chile. En la segunda mitad del año, recorre entre homenajes Brasil, Argentina y Uruguay. En setiembre escribe «Alturas de Macchu-Picchu».

1946.	Es condecorado por el gobierno de México, y nombrado Jefe Nacional de Propaganda en la candidatura de Gabriel González Videla a la presidencia de Chile. Se editan obras suyas en Checoslovaquia, Dinamarca, Estados Unidos y Brasil. En la primavera austral (el otoño europeo) conoce a Matilde Urrutia. El 28 de diciembre se dicta sentencia judicial declarando que su nombre legal será Pablo Neruda.

1947.	*Tercera residencia.* Primera reunión de su poesía completa, bajo el nombre genérico de *Residencia en la Tierra*, en Chile. Viaja a Magallanes. El 27 de noviembre —impedido por la censura de hacerlo en Chile— publica en *El Nacional* de Caracas su «Carta íntima para millones de hombres», a causa de la cual el presidente González Videla le inicia juicio político.

1948.	El 6 de enero pronuncia Neruda en el Senado un célebre discurso, que se publicará luego bajo el título de *Yo acuso*. El 3 de febrero la Corte Suprema aprueba su desafuero como senador, y dos días después los tribunales de justicia ordenan que se le detenga. Pasa a la clandestinidad, escribiendo el *Canto general* y participando activamente en la política de la oposición. En diversos países se realizan actos de solidaridad con el poeta, y se le dedican publicaciones: *Adam* —revista internacional de literatura publicada en Londres— organiza un número monográfico sobre Neruda y su obra.

1949.	El 24 de febrero consigue salir de Chile, cruzando la cordillera por la región austral. Dos meses después asiste al Primer Congreso Mundial de Partidarios de la Paz, y es nombrado miembro del Consejo Mundial de la Paz: primera aparición pública luego de quince meses de vida clandestina. En junio viaja a la Unión Soviética, visitando Polonia y Hungría al mes siguiente. En agosto va a México con Paul Eluard, participando en el Congreso Latinoamericano de Partidarios de la

Paz que allí se realiza. Enferma de cuidado y debe permanecer en México hasta fines de año. Se reencuentra con Matilde Urrutia. Publica *Dulce patria*, y diversos libros o selecciones de sus poemas ven la luz en Alemania, Checoslovaquia, China, Dinamarca, Hungría, Estados Unidos, Unión Soviética, México, Cuba, Colombia, Guatemala y Argentina.

1950. Publicación del *Canto general*, en México y en dos ediciones simultáneas (en Chile se hacen otras dos, ambas clandestinas). Viaja a Guatemala, Praga, París, Roma y Nueva Delhi, recibido en triunfo por autoridades y público. Su poesía se traduce al hindú, urdú y bengalí. En noviembre asiste al II Congreso Mundial de Partidarios de la Paz, que se realiza en Varsovia, acompañado por Matilde Urrutia. Al término de las jornadas congresales recibe, junto con Picasso y otros artistas, el Premio Internacional de la Paz por su poema «Que despierte el leñador». La Unión de Escritores de Checoslovaquia lo invita a pasar una temporada en el castillo de Dobriss. Nuevas ediciones de su *Canto general*, en México, Chile, Estados Unidos, China, Checoslovaquia, Polonia, Suecia, Rumania, India, Palestina, Siria y Unión Soviética, esta última con un tiraje de un cuarto de millón de ejemplares.

1951. Año de incesantes viajes. Comienza con una gira por Italia, dando recitales de poesía en Florencia, Turín, Génova, Roma y Milán. En marzo va a París; en mayo, a Moscú y Praga; en agosto, a Berlín, al festival de cine de Karlovy Vary y al de arte popular de Moravia. Luego aborda el mítico ferrocarril transiberiano, visita la República Popular de Mongolia, y pasa desde allí a Pekín. Éste es también el año en el que se convierte en el poeta de lengua castellana de mayor ámbito internacional de todos los tiempos. A las que ya se encontraban en circulación, hay que agregar nuevas traducciones de sus poemas al búlgaro, húngaro, islandés, idisch, hebreo, coreano, vietnamita, japonés, árabe, turco, ucranio, uzhbeco, portugués, eslovaco, georgiano y armenio.

1952. Reside en Italia. Delia del Carril viaja a Chile. En febrero, comienza a escribir en Capri *Las uvas y el viento*. Publicación privada y anónima de *Los versos del capitán*. Viaja por Berlín y Dinamarca, donde le sorprende la revocación de la orden de prisión dictada contra él más de tres años atrás. Regresa a Santiago el 12 de agosto, y se le tributan grandes homenajes. Se instala a vivir en su casa de la avenida Lynch, viajando en los meses siguientes a Temuco y otros puntos de Chile. En diciembre es jurado del Premio Internacional de la Paz, en Moscú. Comienza a escribir las *Odas elementales*, y a construir su casa La Chascona.

1953. Organiza en Santiago el Congreso Continental de la Cultura, que se realiza en abril. El 20 de diciembre le es concedido el Premio Stalin de la Paz.

1954. Publica *Odas elementales* y *Las uvas y el viento*. Se celebran sus cincuenta años de vida con un gran homenaje internacional, y acuden a Santiago personalidades de todo el mundo. Dona a la Universidad de Chile su biblioteca y otros bienes, y ésta decide financiar la Fundación Neruda para el Desarrollo de la Poesía. Continúan las ediciones y traducciones de su poesía en diversos países.

1955. Se separa de Delia del Carril. Concluye la construcción de su casa La Chascona, donde se traslada a vivir con Matilde Úrrutia. Traducciones al alemán, italiano, rumano, árabe y persa ven la luz este año. Viaja a la Unión Soviética, China y otros países socialistas. De regreso a América da conferencias y recitales en Brasil y Uruguay, y pasa unas vacaciones en Totoral, en la provincia de Córdoba (Argentina).

1956. Publica *Nuevas odas elementales*.

1957. La editorial Losada, de Buenos Aires, publica la

primera edición de sus *Obras Completas*. Comienza a escribir *Cien sonetos de amor*. Viaja en abril a Buenos Aires, donde es detenido por la policía y pasa un día y medio en la Penitenciaría Nacional. Se va de Argentina sin realizar los recitales que tenía previstos e inicia un viaje por los lugares de su juventud: Rangoon, Colombo y otras ciudades de Oriente. A su regreso, es nombrado presidente de la Sociedad de Escritores de Chile. Publica *Tercer libro de las odas*.

1958. Año de elecciones generales en Chile, y de gran actividad política para Neruda. Publicación de *Estravagario*.

1959. Durante cinco meses viaja por Venezuela, recibiendo grandes homenajes. En la embajada cubana en Caracas conoce a Fidel Castro. Aparecen *Navegaciones y regresos*, y *Cien sonetos de amor*.

1960. Parte a Europa en abril, y a bordo del *Louis Lumière* termina *Canción de gesta*, dedicada a Cuba. Recorre la Unión Soviética, Polonia, Bulgaria, Rumania, Checoslovaquia, y reside el resto del año en París. Pasa por Italia, y allí se embarca para La Habana. Se publica en Cuba *Canción de gesta*.

1961. *Las piedras de Chile y Cantos ceremoniales*. Se publica el millonésimo ejemplar de los *Veinte poemas*. Nuevas ediciones de sus libros en Francia y Estados Unidos. El Instituto de Lenguas Romances de la Universidad de Yale, lo nombra miembro correspondiente.

1962. Miembro académico de la facultad de Filosofía y Educación de la Universidad de Chile. Publica *Plenos poderes*. Viaja por Italia, Francia, Bulgaria y la Unión Soviética.

1963. En la *Bormiers Litterata Magasia*, de Estocolmo, aparece un largo artículo sobre Neruda escrito por Arthur Lundkvist, influyente miembro de la Academia Sueca, y esto se interpreta como una confirmación a los insistentes rumores de que le será concedido el Premio Nobel.

1964. Publica *Memorial de Isla Negra*, y su traducción

del *Romeo y Julieta*, de Shakespeare, que se estrena ese mismo año. La Biblioteca Nacional de Chile organiza un seminario sobre la obra nerudiana, para conmemorar el sesenta aniversario del poeta. Participa en la campaña para las elecciones presidenciales.

1965. En febrero viaja a Europa, donde permanecerá todo el año. En junio se le otorga el título de doctor *honoris causa* en Filosofía y Letras de la universidad de Oxford, distinción que recae por primera vez en un sudamericano. Pasa temporadas en París y Budapest, y escribe en esta última ciudad *Comiendo en Hungría* —en colaboración con Miguel Ángel Asturias— libro que se publicará simultáneamente en cinco idiomas. Asiste a la reunión del PEN Club en Bled (Yugoslavia) y al Congreso de la Paz en Helsinki (Finlandia). Va a la URSS como jurado del Premio Lenin, regresando a Chile en diciembre.

1966. Viaja a Estados Unidos como invitado de honor a la reunión del PEN Club. Da recitales en Nueva York, Berkeley y Washington, donde también graba para la Biblioteca del Congreso. Recita asimismo sus poemas en México y Perú, país este último que le condecora con la Orden del Sol. El 28 de octubre legaliza en Chile su matrimonio con Matilde Urrutia, celebrado antes en el extranjero. Publica *Arte de pájaros*. Recibe el Premio Atenea, de la universidad de Concepción, por la totalidad de su obra.

1967. Le es concedido, en Italia, el Premio Internacional Viareggio. Publica *La barcarola*, y *Fulgor y muerte de Joaquín Murieta*, su primera y única obra teatral que ese mismo año es puesta en escena en Santiago. Aparece la edición actualizada de sus *Obras Completas*.

1968. *Las manos del día*. Recibe la condecoración Joliot Curie, y es designado miembro honorario de la Academia Norteamericana de Artes y Letras, y del Instituto Nacional de Artes y Letras. Viaja a Uruguay, Brasil, Colombia y Venezuela. Comienza a colaborar como columnista en la revista *Ercilla*, de Santiago.

1969. Publica *Fin de mundo, Aún, Sumario* y *La copa de sangre*. Es designado miembro de la Academia chilena de la Lengua; *doctor scientiae et honoris causa* por la Universidad Católica de Chile; el senado chileno lo condecora con la medalla de plata que se otorga a los hijos ilustres de la patria. El 30 de setiembre, es nominado precandidato a la presidencia de la república por el partido comunista de Chile.

1970. Renuncia a su candidatura en beneficio de la del doctor Salvador Allende, candidato común de los partidos populares. Viaja a Europa para asistir al estreno de *Fulgor y muerte de Joaquín Murieta*, en el Piccolo Teatro de Milán. Es invitado a dar un recital en la Sorbona de París. Publica *La espada encendida*, y *Las piedras del cielo*.

1971. El Canal 13 filma *Historia y geografía de Pablo Neruda*, para la televisión chilena. El 21 de enero el senado aprueba su designación como embajador de Chile en Francia, cargo que ocupa a partir de marzo. El 21 de octubre le es concedido el Premio Nobel de Literatura. Viaja a Estocolmo a recibirlo, y de allí a Polonia para asistir al estreno de su *Joaquín Murieta*.

1972. Publica *Geografía infructuosa*. En octubre es nombrado miembro del Consejo Consultivo de la Unesco, para un período de cuatro años. En noviembre regresa a su país, donde recibe el homenaje del pueblo chileno en el Estadio Nacional.

1973. El 5 de febrero renuncia a la embajada en París, por motivos de salud, y permanece en su casa de Isla Negra. Aparece *Incitación al nixonicidio y alabanza de la revolución chilena*, último libro que publicará en vida. Hace un llamado a los intelectuales de América, alertándoles sobre la situación chilena, a la que califica como «un Vietnam silencioso». El 11 de setiembre se produce, en efecto, el golpe de Estado que acaba con el gobierno y la vida de Salvador Allende. Neruda nuere días después, en la noche del 23 de setiembre, víctima de un paro cardíaco.

El campanario de Isla Negra.

La copa de sangre (1904-1920)

*«allí, en la luz sombría,
se decidió mi pacto
con la tierra.»*

Ricardo Eliecer Neftalí Reyes Basoaldo —Pablo Neruda para el siglo— nació el 12 de julio de 1904 en Parral, ciudad viñatera de la provincia de Linares, en la franja central del atormentado y prodigioso territorio de Chile. Pero Parral no sería el paisaje recurrente, el pueblo primordial nombrado de mil modos durante el medio siglo largo en que ejerció la poesía: a los tres años lo llevan a Temuco, «donde nace la lluvia», frontera sur por entonces de la civilización, más allá de la cual no se aventuraban sino los sufridos y silenciosos sobrevivientes de la Araucanía. Temuco: azotado perpetuamente por el diluvio de los cielos sureños, en esa región dónde Chile se comprime hasta estrangularse entre los Andes y el Océano; la estación del ferrocarril, el almacén de ramos generales y otros pocos negocios, algunos centenares de casas de madera, de planta espaciosa y vago perfil, por cuyos patios casi comunales las familias «se intercambiaban herramientas o libros, tortas de cumpleaños, ungüentos para fricciones, paraguas, mesas y sillas». Aquellas casas típicas de la frontera, con «algo de campamento», en las que «al entrar se veían barricas, aperos y monturas y objetos indescriptibles», configuraban milagrosamente un pueblo (que, por otra parte, creció hasta ser en la actualidad una ciudad de ciento veinte mil habitantes) abierto como un boquete en el silencio y el verdor impenetrables de los bosques australes. En esos bosques —que están entre los más densos del planeta, con árboles gigantescos y milenarios y una foresta hinchada de verdes por la perpetua humedad— hay que ir a buscar las claves más profundas de la poética nerudiana: el aliento cósmico de su verso, y la energía panteísta que lo sostiene. En *La copa de sangre* —un texto escrito a comienzos de los años cuarenta, que demoró un cuarto de siglo en ser publicado en forma autónoma— Neruda evocó por primera vez ese bosque primordial sumergido en el agua (el bosque onfálico del mito, la montaña mágica, el sitio placentario que resume el universo) que luego se haría explícito en los mejores libros de sus últimos años.

Cuando remotamente regreso y en el extraordinario azar de los trenes, como los antepasados sobre las cabalgaduras, me quedo sobredormido y enredado en mis exclusivas propiedades, veo a través de lo negro de los años, cruzándolo todo como una enredadera nevada, un patriótico sentimiento, un bárbaro viento tricolor en mi investidura: pertenezco a un pedazo de pobre tierra austral hacia la Araucanía, han venido mis actos desde los más distantes relojes, como si aquella tierra boscosa y perpetuamente en lluvia tuviera un secreto mío que no conozco, que no conozco y que debo saber, y que busco, perdidamente, ciegamente, examinando largos ríos, vegetaciones inconcebibles, montones de madera, mares del sur, hundiéndome en la botánica y en la lluvia, sin llegar a esa privilegiada espuma que las olas depositan y rompen, sin llegar a ese metro de tierra especial, sin tocar mi verdadera arena. Entonces, mientras el tren nocturno toca violentamente estaciones madereras o carboníferas como si en medio del mar de la noche se sacudiera contra los arrecifes, me siento disminuido y escolar, niño en el frío de la zona sur, con el colegio en los deslindes del pueblo, y contra el corazón los grandes, húmedos boscajes del fin del mundo.

El agua —sin cuya presencia constante no es imaginable el bosque austral— aparece también en el mismo texto, como redondeando un pacto entre el poeta y la

Ricardo Eliecer Neftalí Reyes Basoalto, en 1908, antes de imaginar a Pablo Neruda

El ferroviario Reyes, padre del poeta

La copa de sangre (1904-1920)

más secreta fuente de su poesía. Cuenta Neruda que pocas semanas después de la muerte de su padre, hubo que desenterrarlo para trasladarlo a otro sitio. La humedad de la zona había partido el ataúd en tan escaso tiempo, y

> vimos bajar de él cantidades de agua, cantidades como interminables litros que caían de adentro de él, de su substancia.
> Pero todo se explica: esta agua trágica era lluvia, lluvia tal vez de un solo día, de una sola hora tal vez de nuestro austral invierno, y esta lluvia había atravesado techos y balaustradas, ladrillos y otros materiales y otros muertos hasta llegar a la tumba de mi deudo. Ahora bien, esta agua terrible, esta agua salida de un imposible, insondable, extraordinario escondite, para mostrarme a mí su torrencial secreto, esta agua original y temible me advertía otra vez con su misterioso derrame mi conexión interminable con una determinada vida, región y muerte.

Como su padre («Mi padre murió en Temuco, porque era un hombre de otros climas. Allí está enterrado, en uno de los cementerios más lluviosos del mundo») Neruda también es trasplantado desde los valles del vino y el sonriente sol a la umbría de perpetua humedad: en ella crecerá —frágil y tímido, silencioso y solitario— conmovido por el majestuoso espectáculo que se desarrolla ante sus sentidos. No sólo el poeta, sino también el futuro malacólogo que Neruda fue —llegó a tener una de las colecciones de caracoles más importantes del mundo—, el infatigable constructor de casas —Isla Negra, La Chascona, La Sebastiana— que eran otros tantos pretextos para recrear sin pausas el universo, el viajero errante y asombrado: los múltiples Nerudas se unifican en la fuente común del niño de Temuco, enamorado de insectos, pájaros y frutos, poco afecto a la disciplina del liceo, mal jugador de fútbol pero voraz lector, precoz poeta sin auditorio todavía.

> Me voy arriba, a mi pieza. Leo a Salgari. Se descarga la lluvia como una catarata. En un minuto la noche

y la lluvia cubren el mundo. Allí estoy solo y en mi cuaderno de aritmética escribo versos.

¿Qué año evocan estas palabras? Según Margarita Aguirre, antes de cumplir los once años Neruda ya escribía, como se desprende de una tarjeta postal fechada el 30 de abril de 1915, en la que dedicaba un poema a su madrastra (la «mamadre», como siempre la llamó), que conserva Laura Reyes, hermana del poeta, en su archivo particular. Anterior aún parece ser la ocasión que Neruda memoró y dejó escrita.

Muy atrás en mi infancia y habiendo apenas aprendido a escribir, sentí una vez una intensa emoción y tracé unas cuantas palabras semirrimadas, pero extrañas a mí, diferentes del lenguaje diario. Las puse en limpio en un papel presa de una ansiedad profunda, de un sentimiento hasta entonces desconocido, especie de angustia y de tristeza. Era un poema dedicado a mi madre, es decir, a la que conocí por tal, a la angelical madrastra cuya suave sombra protegió toda mi infancia. Completamente incapaz de juzgar mi primera producción, se la llevé a mis padres. Ellos estaban en el comedor, sumergidos en una de esas conversaciones en voz baja que dividen más que un río el mundo de los niños y el de los adultos. Les alargué el papel con las líneas, tembloroso aún con la primera visita de la Inspiración. Mi padre, distraídamente, lo tomó en sus manos, distraídamente lo leyó, distraídamente me devolvió diciéndome:
—¿De dónde lo copiaste?
Y siguió conversando en voz baja con mi madre, de sus importantes y remotos asuntos.

La anécdota parece demasiado arquetípica para ser cierta, pero en todo caso dos elementos de ella son auténticos: la indiferencia, cuando no la hostilidad del ferroviario Reyes hacia las actividades poéticas de su hijo (ésta fue la causa de los múltiples seudónimos usados por el poeta en los inicios de su carrera, hasta quedarse con el que lo hizo célebre), y la precocidad del autor, cuyos espléndidos resultados en la temprana adolescen-

La hermana Laura, el padre, y Trinidad Candía Marverde, la «mamadre»

cia revelan un entrenamiento técnico nada común en escritores primerizos.

Sabemos que publica su primer poema («Mis ojos», en la revista *Corre-Vuela*) a los catorce años de edad, y que gana el primer premio en la Fiesta de la Primavera de Temuco, dos años más tarde; también, que por aquellos años tiene dos libros en preparación (*Las ínsulas extrañas* y *Los cansancios inútiles*), que no publicará pero cuyos materiales usará para algunos temas de *Crepusculario*, libro inicial que comienza a perfilarse por entonces en su imaginación. Es evidente que la ambición formal y la destreza técnica presentes en *Crepusculario* (el libro no mereció más retoques por parte de su autor después de la segunda edición, de 1926), no son cosas que se adquieran en un día, por lo que es de suponer que sus inmediatos antecedentes cronológicos serían muy estimables.

Me lo ha hecho pensar siempre el detalle de una conmovedora y solícita amistad, que el propio Neruda evoca en sus memorias. Es en el año 1920, cuando el poeta concluye morosamente su liceo, y está a punto de intentar el salto a Santiago para vivir su aventura capitalina.

> Por ese tiempo llegó a Temuco una señora alta, con vestidos muy largos y zapatos de taco bajo. Iba vestida de color de arena. Era la directora del liceo. Venía de nuestra ciudad austral, de las nieves de Magallanes... (...) tenía una sonrisa ancha y blanca en su rostro moreno por la sangre y la intemperie... (...) No me extrañó cuando entre sus ropas sacerdotales sacaba libros que me entregaba y que fui devorando. Ella me hizo leer los primeros grandes nombres de la literatura rusa que tanta influencia tuvieron sobre mí.

Tenía 31 años, y el poeta-niño 16, lo que no impidió que allí se iniciara una amistad que duraría tanto como la vida de la maestra. Ella se llamaba Lucila Godoy, pero como su nuevo amigo también escribía con seudónimo: firmaba sus poemas como Gabriela Mistral.

La copa de sangre (1904-1920)

A los 16 ó 17 años, todavía en Temuco

El pupitre —ahora en Isla Negra, y con una foto de Walt Whitman— sobre el cual Neruda habría escrito su primer poema

La copa de sangre (1904-1920)

El hondero entusiasta
(1921-1926)

*«Hago girar mis brazos como dos
aspas locas...»*

En octubre de 1920, Neftalí adopta el de Pablo Neruda
como definitivo *nom de guèrre*; a comienzos del año
siguiente, abandona Temuco para seguir la carrera de
profesor de francés en el Instituto Pedagógico de Santiago. Este pasaje de año corta como una espada la biografía nerudiana: atrás quedan las largas lluvias del sur,
la densa materia prima de la que se alimentará su obra;
en el lustro siguiente, el poeta producirá media docena
de libros —entre los que figurará más de una obra
maestra de su poética— y se asentará definitivamente
en su oficio. Para cuando ese lustro concluya, Neruda
tendrá sólo 22 años de edad; pero estará ya en posesión
de todas las armas que harán de él un manantial casi
inagotable de verbalización durante el medio siglo posterior. Nada excepcional pasa por su vida entonces
—aunque convenga resumirlo—, pero en el secreto corazón de su poética algo se afirma y crece, de manera
tan firme como voraz: aunque el éxito demorará aún en
ser su cotidiana compañía, durante «los crepúsculos de
Maruri» —el nombre de la calle de la pensión estudian-
til donde vivía— Neruda sabe ya que su destino no co-
nocerá mayor fidelidad que la vocación por la palabra.
Mucho tiempo después —con motivo del homenaje que
se le tributa en su sexagésimo aniversario— recordará
aquellos años augurales de *El hondero entusiasta*.

Este libro, suscitado por una intensa pasión amorosa, fue mi primera voluntad cíclica de poesía: la de englobar al hombre, la naturaleza, las pasiones y los acontecimientos mismos que allí se desarrollaban, en una sola unidad. Escribí afiebrada y locamente aquellos poemas que consideraba profundamente míos. Creí también haber pasado del desorden a un planteamiento formal.

Las primeras experiencias, los primeros descensos a la realidad ciudadana de aquel solitario hijo de los bosques, no dejan de ser, sin embargo, exóticos y hasta alarmantes.

En Santiago los escritores vivían encerrados en cajas. Salían de la caja en donde trabajaban y se metían en una caja en forma de bar o de café y luego se iban a dormir muy tarde en una caja en forma de casa. Ésta era mi manera de ver la vida literaria. ¿Cómo podían vivir sin correr todas las tardes recogiendo copihues o persiguiendo pingüinos como en las playas del Bajo Imperial?

Pasada la sorpresa, no tardará, no obstante, en integrarse a esa vida que le estaba destinada: sus colaboraciones en la revista *Claridad* se hacen cada vez más frecuentes; traduce a Rilke y a Anatole France; ejerce la crítica literaria; publica —antes de cumplir los veinte años— *Crepusculario* y los *Veinte poemas de amor y una canción desesperada*. Ya es una figura conocida en esa turbamulta bohemia y agitada de la vanguardia chilena de la primera postguerra, y es amigo de sus nombres más sonados: desde «el dictador de la joven literatura», Alirio Oyarzún, «un demacrado baudelariano, un decadente lleno de calidades, un Barba Jacob de Chile, atormentado, cadavérico, hermoso y lunático», hasta Rosamel del Valle, pasando por Ángel Cruchaga, Joaquín Cifuentes Sepúlveda, Rubén Azócar, Homero Arce, o Alberto Valdivia —el «querido cadáver», como le llamaban por su aspecto feble y menesteroso—, sin olvidar el magisterio aristocrático y un tanto distante de Pedro Prado, quien le hizo comprender «la comuni-

Mientras concebía los **Veinte poemas**

cación expresiva de la inteligencia», o la influencia de
Juan Gandulfo, su otro maestro intelectual, al que dedicará *Crepusculario*. El gran ausente de aquel período,
Vicente Huidobro —a quien Neruda nunca quiso, más
que de una manera cortés y diplomática, y cuya poética
confesó no compartir ni tampoco entender—, andaba
por aquellos años iluminando París con sus reverberos,
a punto ya para el hastío y la desilusión. Pero, de todos
ellos, sin duda será Alberto Rojas Giménez el amigo
capital; el motor de vida, desenfado, arrogancia y dan-
dysmo, que arrancará bruscamente al joven provinciano
de su timidez, del empecinado cultivo que por entonces
hacía de su melancólica soledad. «Gran despilfarrador
de su propia vida», «elegante y apuesto, a pesar de la
miseria en la que parecía bailar como un pájaro dora-
do», poseedor de una «desdeñosa actitud, una compren-
sión inmediata de los menores conflictos y una alegre
sabiduría y apetencia por todas las cosas vitales», lo
recordó Neruda en uno de los más bellos retratos de
sus Memorias.

> Libros y muchachas, botellas y barcos, itinerarios y ar-
> chipiélagos, todo lo conocía y lo utilizaba hasta en sus
> más pequeños gestos (...) Nunca me contagió con su
> apariencia escéptica, ni con su torrencial alcoholismo,
> pero hasta ahora recuerdo con intensa emoción su fi-
> gura que lo iluminaba todo, que hacía volar la belleza
> de todas partes, como si animara a una mariposa es-
> condida (...) Descubría poetas de Francia, botellas
> oscuras sepultadas en las bodegas, dirigía cartas de
> amor a las heroínas de Francis Jammes. Sus bellos
> versos andaban arrugados en sus bolsillos sin que ja-
> más, hasta hoy, se publicaran.

Para Orlando Oyarzún —hermano de Alirio, cuyas
memorias publicó la revista *Aurora*, de Santiago, en
1964—, la amistad de Rojas Giménez fue decisiva en la
opción nerudiana de abandonar la pedagogía y dedicarse
de lleno a la literatura: *Las paredes de barro blanquea-
do de la habitación de Pablo* —escribe— *se cubrieron de
dibujos, de versos y de sentencias de cómica gravedad
que buscaban sacar a Pablo de su retiro melancólico;*

leyendas por el estilo de: ¡No está bien que el hombre viva solo! Margarita Aguirre nos informa que este personaje novelesco murió en Santiago, en plena juventud, el 25 de mayo de 1934, a causa de una pulmonía contraída *por haber dejado su abrigo empeñado en el último bar donde estuviera bebiendo.* Neruda, cónsul por entonces en Barcelona, se entera de su muerte con enorme desconsuelo.

> Sabía que tenía que morir de un momento a otro, porque su vida descabellada era la continuación de otro suicidio. Pero me parecía desleal que la muerte se lo llevara sin que yo estuviera a su lado. Había sido tan valiosa la amistad suya en mis primeros años. Burlándose de mí, con infinita delicadeza, me había ayudado a despojarme de mi tono sombrío (...) Era una especie de desenfrenado marinero, infinitamente literario, revelador de pequeñas y decisivas maravillas de la vida corriente.

Como el mejor homenaje a la memoria del amigo muerto, Neruda realizó un rito órfico —en compañía del pintor Isaías Cabezón— consistente en ofrendarle un par de gigantescos cirios que dejó al cuidado de una virgen pescadora, en la por entonces incomparable basílica de Santa María del Mar, y pasarse una noche por el puerto emborrachándose con vino verde. Hizo algo más, y más definitivo: dedicarle la mejor elegía de su producción, que es también una de las más altas y transidas de la poesía castellana de este siglo: *Alberto Rojas Giménez viene volando.*

> *Entre plumas que asustan, entre noches,*
> *entre magnolias, entre telegramas,*
> *entre el viento del Sur y el Oeste marino,*
> *vienes volando.*
> ....
>
> *Hay ron, tú y yo, y mi alma donde lloro,*
> *y nadie, y nada, sino una escalera*
> *de peldaños quebrados, y un paraguas:*
> *vienes volando.*

El hondero entusiasta (1921-1926)

Con el amigo que lo acompañó durante su primer paso por
Europa: Neruda es el de la derecha

El hondero entusiasta (1921-1926)

Allí está el mar. Bajo de noche y te oigo
venir volando bajo el mar sin nadie,
bajo el mar que me habita, oscurecido,
vienes volando.

Oigo tus alas y tu lento vuelo,
y el agua de los muertos me golpea
como palomas ciegas y mojadas:
vienes volando.

Vienes volando, solo solitario,
solo entre muertos, para siempre solo,
vienes volando sin sombra y sin nombre,
sin azúcar, sin boca, sin rosales,
vienes volando.

Son aquéllos también los años no sólo de la amistad intensa sino de los amores tormentosos. Aunque Neruda siempre fue cauto —tal vez en exceso— sobre su pasado sentimental, ha podido saberse de la existencia de por lo menos dos grandes pasiones en los años de su primavera erótica: Marisol y Marisombra las llama en sus Memorias, siendo la primera el amor abandonado en Temuco, y la segunda la amante santiaguina. Ambas aparecen en *Crepusculario*, y ambas son las musas —en composiciones alternadas— de los celebérrimos *Veinte poemas*. Bajo el nombre de Terusa y Rosaura reaparecerán, en la madurez del poeta, en ciertos versos de *Memorial de Isla Negra*.

Ahora que tú llegas de visita,
antigua amiga, amor, niña invisible,
te ruego que te sientes
otra vez
en la hierba.

Ahora me parece
que cambió tu cabeza.
Por qué
para venir

cubriste con ceniza
la cabellera de carbón valiente
que desplegué en mis manos, en el frío
de las estrellas de Temuco?

Y a la Rosaura del arrabal santiaguino, «del conventillo que nos compartía», le dirá también cuarenta años después:

cambió el pintor
y no pintó los rostros,
sino los signos y las cicatrices,
y tú qué hacías
sin el agujero
del dolor y el amor?
Y yo qué hacía
entre las hojas de la tierra?

Si menciono ahora estas fidelidades es para destacar —de pasada, y en el pequeño marco de este libro— la persistencia de la memoria en la obra toda de Neruda; la devoción por los seres y las cosas de su vida privada, que la rutilancia de sus pompas como militante ha hecho olvidar a muchos de sus apresurados jueces. Por supuesto, poco importan las precisiones biográficas (aunque se echen a faltar justamente por los juicios a los que me refiero), y el propio poeta habló de ello en una conferencia cuyo original figura en los archivos de Jorge Sanhueza.

Yo les prometí una explicación para cada uno de mis poemas de amor. Me olvidé que han pasado los años. No es que haya olvidado a nadie, sino que, pensándolo bien, ¿qué sacarían ustedes con los nombres que les diera? ¿Qué sacarían con unas trenzas negras en un crepúsculo determinado? ¿Qué sacarían con unos ojos anchos bajo la lluvia, en agosto? ¿Qué puedo decirles que ustedes no sepan de mi corazón?

Hablemos francamente. Nunca dije una palabra de amor que no fuera sincera, ni habría podido escribir un verso sin verdad.

El hondero entusiasta (1921-1926)

Lo cierto, lo perdurable, es sin duda la media docena de libros escritos durante ese momento torrencial. Baste con decir que si Neruda hubiese muerto o callado a los 22 años, ellos serían suficientes para concederle un puesto significativo en la lírica castellana contemporánea. Aún los menores —*El habitante y su esperanza*: una oscura «nouvelle» escrita para complacer a su editor; *Anillos*, una docena de inquietantes prosas poéticas— llaman la atención por la seguridad de lenguaje que demuestran, como pequeños brotes de un árbol ya frondoso y firmemente asentado en la tierra. De los otros cuatro, es indispensable hablar por separado.

Escrito como intento de superación de *Crepusculario*, y completamente terminado hacia 1924, *El hondero entusiasta* no verá la luz sino diez años después, a causa de la autocensura del poeta quien, luego de haber creído tropezar con la gran voz que andaba buscando, creyó ver en sus páginas influencias demasiado apreciables del uruguayo Carlos Sabat Ercasty. Neruda mantuvo siempre esta opinión, aunque es evidente que en muchos de sus mejores versos respira ya el aliento indiscutiblemente nerudiano de los *Veinte poemas* («Eres toda de espumas delgadas y ligeras / y te cruzan los besos y te riegan los días»), y aun —si se hace abstracción de su entusiasta elocuencia— el tono mayor que el poeta alcanzará en las *Residencias*.

> *Llénate de mí.*
> *Ansíame, agótame, viérteme, sacrifícame.*
> *Pídeme. Recógeme, contiéneme, ocúltame.*
> *Quiero ser de alguien. Quiero ser tuyo. Es tu hora.*
> *Soy el que pasó saltando sobre las cosas,*
> *el fugante, el doliente.*

Contemporáneo de estos esfuerzos es *Tentativa del hombre infinito*, acaso el menos leído de los libros de Neruda, y sin duda el que menos comentarios ha merecido de sus exégetas. Cuatro décadas después de haberlo escrito, su autor le dedicó, sin embargo, unas justas palabras:

El hondero entusiasta (1921-1926)

...dentro de su pequeñez y de su mínima expresión, aseguró más que otras obras mías el camino que yo debía seguir. Yo he mirado siempre la *Tentativa del hombre infinito* como uno de los verdaderos núcleos de mi poesía, porque trabajando en estos poemas, en aquellos lejanísimos años, fui adquiriendo una conciencia que antes no tenía y si en alguna parte están medidas las expresiones, la claridad o el misterio, es en este pequeño libro, extraordinariamente personal.

A pesar de ser el más hermético de sus títulos, la *Tentativa* contiene, en efecto, algunos de los elementos que serán recurrentes en la madurez poética de su autor. Yo lo veo como un sólo poema organizado según una secuencia que comienza y termina en la nocturnidad, durante la cual se despliegan algunos temas fundamentales: la mujer como celebración, la casa, el cielo, la mujer como condenación, la soledad. Entre noche inicial y noche final, la diferencia está en el viaje, en la continua alusión a una trayectoria o desplazamiento por la que el poeta realiza el tránsito del claustro húmedo y angustioso a la convocatoria de la comunicación. A lo largo de los trescientos versos del recorrido Neruda ensaya además piruetas técnicas que no son detectables en otros libros de esa época (combinación de metros, de verso blanco y verso libre, confianza en la asociación espontánea, encadenamientos fonéticos), pero que años después subyacen en la aparente simplicidad estructural de sus libros mayores.

En su momento, sin embargo, el relativo silencio que rodeó a la *Tentativa* no puede haber pesado mucho sobre sus hombros, teniendo como tenía —apenas cumplidos los veinte años— dos libros de éxito cuya resonancia iba en aumento. *Crepusculario*, el primero de ellos, fue comenzado en Temuco en 1920, y terminado en Santiago en 1923, año de su edición original. Del medio centenar de poemas que lo componen, varios han fatigado las antologías de poesía castellana durante el último medio siglo: es difícil que pueda decirse cosa igual de otro libro primerizo, más aún si se tiene en cuenta que fue compuesto entre los 16 y los 18 años del poeta, en su casi totalidad. Lo más notable es que, si bien la emotividad del libro —aunque no siempre— es adolescente, su maestría formal y la hondura de su lirismo no parecen corresponder en absoluto a tan precaria biografía. Poemas como «Morena, la besadora», «El castillo maldito» (con su notable asimilación de Rubén), «Farewell» («Desde el fondo de ti, y arrodillado, / un niño triste, como yo, nos mira.»), «Amor», «Mujer, nada me has dado», o «El pueblo», han sido copiados miles de veces por adolescentes que ignoraban sin duda que habían sido escritos por otro niño maravillado.

Pero la culminación de este ciclo —como indiscutible obra maestra en su género— llega para Neruda en 1924, con la publicación de los *Veinte poemas de amor y una canción desesperada*. Todas las teorías imaginables —desde las acusaciones de plagio, a las más peregrinas historias sobre hallazgos fortuitos— cayeron sobre este libro (sin duda el más afortunado, en su relación con el público, de cuantos han sido escritos en nuestra lengua) para disminuir o disimular su éxito portentoso: en 1961 —y sin contar las numerosas ediciones «piratas»— había doblado el cabo del millón de ejemplares; en la actualidad —sólo en castellano— ha superado los dos millones y medio de copias, y es reimpreso de continuo en casi todas las lenguas de la Tierra. Imposible es acertar con la clave de este fenómeno incomparable de difusión, pero lo que es seguro es que las insidias que se tejieron en su torno han sido barridas por medio siglo de fervor universal, argumento ante el cual se estrella toda polémica.

Para mi gusto, está lejos de ser el mejor libro de Neruda, pero no puedo volver a hojearlo sin reconocer su inaudita perfección formal, aliada a una sencillez y una transparencia expositiva que lo convierten en un curso de agua: uno de esos raros libros de poemas en los que el ritmo y la cadencia no tropiezan ni una sola vez, hasta el punto de que la totalidad de sus páginas puede ser leída como una canción.

Si no es el mejor libro de Neruda es, en todo caso, la llave que le dio acceso a la eficacia de los metros populares; a las cuerdas que el oído del mundo oye tañer desde remotos tiempos, cuando la poesía era oral y el verbo debía por fuerza arroparse de música para sobrevivir. Esa constante será una clave distintiva de la poética nerudiana a partir del *Canto general*: pero necesitará del prolongado dolor y de las simas de *Residencia en la Tierra* para fluir sin estorbos; como un río, un viento o el crecimiento de un árbol: como un fenómeno geológico reconciliado al fin con la naturaleza.

El hondero entusiasta (1921-1926)

Residencia en la tierra
(1925-1935)

«Sucede que me canso de ser hombre.»

Comenzado en Santiago hacia 1925, y compuesto en su mayor parte en los años consulares del poeta en Oriente, *Residencia en la Tierra* ve la luz en una reducida edición de lujo de un centenar de ejemplares, en 1933: consta de 28 poemas y 5 textos. Aumentada por una segunda parte, la obra tendrá su edición pública y definitiva en Madrid, en 1935: son dos delgados volúmenes, que apenas pasan del medio centenar de poemas en su totalidad. Para la torrencial producción de Neruda, anterior y posterior a este enclave de su poesía que es la *Residencia*, esta cifra (cincuenta poemas en diez años) parece exigua. En todo caso, no es casual. Después del torbellino lúdico y verbal de la adolescencia, y antes de la guerra de España, que marcará para siempre su producción y su conducta, se ubica esta década crucial de la vida del poeta, entre sus veinte y sus treinta años, quizá biográficamente la más rica en lo que se refiere a su intimidad.

Una vez que ha decidido dedicarse en cuerpo y alma a la literatura, Neruda tiende sus redes —con buen criterio— hacia la obtención de un cargo diplomático. Largas y divertidas antesalas —que nos relata en sus Memorias— rinden fruto a mediados de 1927, cuando finalmente obtiene su nombramiento como cónsul honorario en Rangoon (Birmania), hacia donde parte en junio de ese año, haciendo escala por primera vez en Madrid y París, ciudades que serán tan importantes en su futuro.

Durante el lustro que permanecerá en el trópico asiático, el atormentado temperamento del poeta y la melancolía que trasuntaban sus libros juveniles alcanzarán su fondo: recorrerá la pasión, la angustia, el tedio, la soledad; su poesía —como siempre, reflejo translúcido de su vida— frecuentará zonas de una sordidez que su producción anterior hacía inimaginables, y que no volverá a tocar en el futuro. De la experiencia —y de sus andrajos, que llevará todavía consigo a Buenos Aires y Madrid— surgirá la imitada e inimitable *Residencia en la Tierra*, libro singular dentro de la andadura nerudiana, y que no se comprende sin el escenario vital que acompañó su gestación. La estolidez inconmovible de críticos marxistas como Volodia Teitelboim o Ilya Ehremburg, ha salido *en defensa* de las aparentes debilidades existenciales de aquella época crítica del autor de la *Residencia*, para integrarla a la imagen de poeta oficial del partido que Neruda fue con posterioridad: *Son los años de la baja marea, los días en que los grandes consorcios engendran el fascismo y las fuerzas populares se baten en retirada en esta parte del globo. El repliegue marca su impronta en Neruda. No ve claro,* justifica Teitelboim. El propio Neruda —en un gris ejercicio de autocensura— prohíbe en 1949 la edición rumana de la *Residencia;* poco antes, y dentro de la misma tónica, había escrito a su amigo Cardona Peña.

> Contemplándolos ahora considero dañinos los poemas de *Residencia en la Tierra.* Estos poemas no deben ser leídos por la juventud de nuestros países. Son poemas que están empapados de un pesimismo y angustia atroces. No ayudan a vivir, ayudan a morir. Si examinamos la angustia —no la angustia pedante de los snobismos, sino la otra, la auténtica, la humana—, vemos que es la eliminación que hace el capitalismo de las mentalidades que pueden serle hostiles en la lucha de clases.

Inútil comentar el dogmatismo y las falacias de esta declaración, o la definición utilitaria de la poesía que hace Neruda en ella: de todos modos, como creador, él

Cónsul en Ceylán, «residiendo en la Tierra»

Residencia en la tierra (1925-1935)

siempre estuvo por encima de estas tristezas. El repudio de su propio autor, nos señala en todo caso la íntima relación de la *Residencia* con la época más desdichada y angustiosa de su vida.

Ésta comienza en Birmania, y se arrastra durante cinco años por Ceylán, la India, Java y Singapur; incluye su violento y fulgurante amor con Josie Bliss, y su matrimonio por aburrimiento y soledad con una mujer a la que nunca quiso; su erotismo epidérmico con las nativas de Colombo y su desolada correspondencia con el narrador argentino Héctor Eandi; su nostalgia de Chile, sus penurias económicas, su desesperación por publicar el material que ha elaborado.

Josie Bliss —una birmana hermosa y apasionada, celosa como el gatillo de un arma de precisión— irrumpe en la vida de Neruda como la materialización de toda su poesía erótica: lo ahoga, lo asfixia, vela su sueño con un cuchillo afilado entre las manos, dispuesta todo el tiempo a matarlo ante la sospecha de perderlo. Cuando el poeta es trasladado de Rangoon a Ceylán, ella lo sigue y se instala en la casa de enfrente, calle por medio de la de Neruda, desde donde vigila sus visitas y agrede a las mujeres que se le acercan. Finalmente, la policía colonial la expulsa de la isla por sus continuos desmanes: aliviado en cierto sentido, pero profundamente conmovido por aquel vendaval de pasión, Neruda no conseguirá olvidar a su amante ni la patética despedida entre ambos.

> Como en un rito me besaba los brazos, el traje y, de pronto, bajó hasta mis zapatos, sin que yo pudiera evitarlo. Cuando se alzó de nuevo, su rostro estaba enharinado con la tiza de mis zapatos blancos. No podía pedirle que desistiera del viaje, que abandonara conmigo el barco que se la llevaba para siempre. La razón me lo impedía, pero mi corazón adquirió allí una cicatriz que no se ha borrado. Aquel dolor turbulento, aquellas lágrimas terribles rodando sobre el rostro enharinado, continúan en mi memoria.

Dos poemas le dedicará en la *Residencia* (el que lleva su nombre, y el famoso «Tango del viudo»), y dos más —cuarenta años más tarde, todavía— en el *Memorial de Isla Negra*, uno de los cuales es el más bello lamento de amor de ese libro tan lleno de amor.

¿Qué fue de la furiosa?
Fue la guerra
quemando
la ciudad dorada
la que la sumergió sin que jamás
ni la amenaza escrita,
ni la blasfemia eléctrica salieran
otra vez a buscarme, a perseguirme
como hace tantos días, allá lejos.
Como hace tantas horas
que una por una hicieron
el tiempo y el olvido
hasta por fin tal vez llamarse muerte,
muerte, mala palabra, tierra negra
en la que Josie Bliss
descansará iracunda.
Contaría agregando
a mis años ausentes
arruga tras arruga, que en su rostro
tal vez cayeron por dolores míos:
porque a través del mundo me esperaba.
Yo no llegué jamás, pero en las copas
vacías,
en el comedor muerto
tal vez se consumía mi silencio,
mis más lejanos pasos,
y ella tal vez hasta morir me vio
como detrás del agua,
como si yo nadara hecho de vidrio,
de torpes movimientos,
y no pudiera asirme
y me perdiera
cada día, en la pálida laguna
donde quedó prendida su mirada.
Hasta que ya cerró los ojos
¿cuándo?

Residencia en la tierra (1925-1935)

hasta que tiempo y muerte la cubrieron
¿cuándo?
hasta que odio y amor se la llevaron
¿dónde?
hasta que ya la que me amó con furia,
con sangre, con venganza,
con jazmines,
no pudo continuar hablando sola,
mirando la laguna de mi ausencia.

Ahora tal vez
reposa y no reposa
en el gran cementerio de Rangoon.
O tal vez a la orilla
del Irrawadhy quemaron su cuerpo
toda una tarde, mientras
el río murmuraba
lo que llorando yo le hubiera dicho.

Josie Bliss desaparece de su vida, y Neruda siente que se hunde en la incomunicación soporífera del trópico: no tiene consigo más que a una mangosta —Kiria, a la que también perderá poco después—, y por toda compañía humana al *boy* Brampy, a quien «parecía que se le había olvidado el lenguaje». Poco afecto a los ingleses «vestidos de smoking todas las noches», y menos aún a los potentados hindúes, Neruda elige la soledad del suburbio de Wellawatha, donde alquila un bungalow junto al mar. Tardará tiempo, «días y años», en establecer algún contacto con los seres de aquellas regiones. De esa época son las principales cartas de su amistad epistolar con Héctor Eandi, correspondencia que fue publicada por primera vez por Margarita Aguirre, y de la que extracto párrafos que me parecen significativos para una radiografía de los tiempos en que fue escrita *Residencia en la Tierra*.

16 de enero de 1928
...Ahora, preparémonos al horror de estas colonias de abandono, tomemos el primer whisky and soda o chota pegg a su honor de buen amigo, Eandi. Beber con

ferocidad, el calor, las fiebres. Enfermos y alcohólicos por todas partes (...) A mí me roe el sueño, la fatiga el calor. No hago más cartas, no más versos, tengo humo en el corazón. Y veo tanto trabajo por ese lado, tantas batallas, ¿para qué? En los periódicos que me manda, tanto agitarse, tanta vida, pero pocas alturas (...) Yo no hallo cosas en mi vida o a mi alrededor tan completamente puras como para invitarme. Y en escoger siento que se va el tiempo. ¡Horrores!

11 de mayo de 1928
...Quiero salir ahora de un estado de espíritu verdaderamente miserable (...) A medida que he ido viviendo he hecho más y más difícil mi trabajo literario, he ido rechazando y enterrando cosas que me eran bien queridas, de tal manera que me lo paso en preocupaciones pobres, en pensamientos escasos, influenciado por esas súbitas salidas, cuyo contenido voy reemplazando muy lentamente (...) una violenta disposición poética que no deja de existir en mí, me va dando cada vez más una vía más inaccesible, de modo que gran parte de mi labor se cumple con sufrimiento, por la necesidad de ocupar un dominio un poco remoto con una fuerza seguramente demasiado débil. No le hablo de duda o de pensamientos desorientados, no, sino de una aspiración que no se satisface, de una conciencia exasperada.

8 de setiembre de 1928
...Pero, verdaderamente, ¿no se halla usted rodeado de destrucciones, de muertes, de cosas aniquiladas? En su trabajo, ¿no se siente obstruido por dificultades e imposibilidades? ¿Verdad que sí? Bueno, yo he decidido formar mi fuerza en este peligro, sacar provecho de esta lucha, utilizar estas debilidades (...) Esto estaba diciéndole en la carta inconclusa, y casi estoy satisfecho de esta larga interrupción. He completado casi un libro de versos: *Residencia en la Tierra*, y ya verá usted cómo consigo aislar mi expresión, haciéndola vacilar constantemente entre peligros, y con qué sustancia sólida y uniforme hago aparecer insistentemente una misma fuerza.

24 de abril de 1929
...Me he criado inválido de expresión comunicable, me

he rodeado de una cierta atmósfera secreta, y sufro una verdadera angustia por decir algo, aun solo conmigo mismo, como si ninguna palabra me representara, y sufriendo enormemente por ello. Hallo banales todas mis frases, desprovistas de mi propio ser (...) Estoy solo; cada diez minutos viene mi sirviente, Ratnaigh, viene cada diez minutos a llenar mi vaso. Me siento intranquilo, desterrado, moribundo (...) Eandi, nadie hay más solo que yo. Recojo perros de la calle, para acompañarme, pero luego se van, los malignos (...) *Residencia en la Tierra* es un montón de versos de gran monotonía, casi rituales, con misterio y dolores como los hacían los viejos poetas. Es algo muy uniforme, como una sola cosa comenzada y recomenzada, como eternamente ensayada sin éxito.

5 de octubre de 1929
...Los cónsules de mi categoría —cónsules de elección u honorarios— tenemos un miserable sueldo, el más reducido de todo el personal. La falta de dinero me ha hecho sufrir inmensamente hasta ahora, y aun en este momento vivo lleno de innobles conflictos. Tengo 166 dólares americanos por mes, por aquí éste es el sueldo de un tercer dependiente de botica. Y aun peor: este sueldo depende de las entradas que se reúnan en el Consulado, es decir que si no hay en un mes dado exportaciones a Chile no hay tampoco sueldo para mí. Es en verdad tan penoso y humillante todo eso: en Birmania a veces estuve cinco meses sin salario, es decir sin nada. Y aun peor: todos los gastos que sean necesarios, escritorio, muebles, franqueo, arriendo de oficina, debo pagarlos yo (...) perdone estos detalles funestos, que son la verdad y el tormento de cada día. Tal vez, si mi salario fuese justo e inmutable —es decir que yo tuviera la seguridad de recibirlo cada fin de mes—, acaso me importaría poco seguir mi vida en cualquier rincón, frío o caliente. Sí, yo que continuamente hice doctrina de irresponsabilidad y movimiento para mi propia vida y las ajenas, ahora siento un deseo angustioso de establecerme, de fijarme a algo, de vivir o morir tranquilo. Quiero también casarme, pero pronto, mañana mismo, y vivir en una gran ciudad. Son mis únicos deseos persistentes, tal vez no podré cumplirlos nunca.

Octubre 24

...He estado pensando en mi libro de nuevos poemas, ¿será posible lo que usted me dice que en Buenos Aires pagarían algo? Tal vez usted exagera, me parece tan raro (...) He estado escribiendo por cerca de cinco años estas poesías, ya ve usted, son bien pocas, solamente 19, sin embargo me parece haber alcanzado esa esencia obligatoria: un estilo, me parece que cada una de mis frases está bien impregnada de mí mismo, gotean.

Noviembre 21

...El poeta no debe ejercitarse, hay un mandato para él y es penetrar la vida y hacerla profética: el poeta debe ser una superstición, un ser mítico (...) ¿qué otro objeto el de la poesía que el de consolar y hacer soñar? (...) Eso quiero hacer yo: una poesía poética. De mis curiosidades científicas, de mi admiración por los automóviles, de mi atracción por esta naturaleza exótica, bien poco queda cuando de noche me siento a escribir, solo, frente a un papel. Sólo yo mismo existo entonces, y mis aflicciones, mis felicidades, mis pasiones privadas.

27 de febrero de 1930

...Actualmente no siento nada que pueda escribir, todas las cosas me parecen no faltas de sentido sino muy abundantes de él, sí, siento que todas las cosas han hallado su expresión por sí solas, y que yo no formo parte de ellas ni tengo poder para penetrarlas.

Es entre estas penurias, y desde esta poética —que nada tiene que ver con la esbozada veinte años más tarde, en la carta a Cardona Peña que he citado—, como Neruda construye la «monótona» arquitectura de su *Residencia*. «Con misterio y dolores como lo hacían los viejos poetas», y también con sensualidad, ocio, cavilaciones y sopor.

Durante su última época en Ceylán, el poeta consigue romper el cerco de su aislamiento: aunque no establece relaciones profundas, se entrega a una sana y razonada molicie.

La verdad es que la soledad de Colombo no sólo era

pesada, sino letárgica. Tenía algunos escasos amigos en la calleja en que vivía. Amigas de varios colores pasaban por mi cama de campaña sin dejar más historia que el relámpago físico. Mi cuerpo era una hoguera solitaria encendida noche y día en aquella costa tropical. Mi amiga Patsy llegaba frecuentemente con algunas de sus compañeras, muchachas morenas y doradas, con sangre de boers, de ingleses, de dravidios. Se acostaban conmigo deportiva y desinteresadamente.

En ese estado de ánimo, hacia mediados de 1930, le sorprende su nombramiento y consecuente traslado como cónsul de Chile en Singapur y Batavia (Java): en esta última terminará *Residencia en la Tierra* (la que luego será *Residencia I*, en la versión definitiva), y se casará con María Antonieta Hagenaar, «una criolla, vale decir holandesa con algunas gotas de sangre malaya, que me gustaba mucho». Matrimonio de poco o ningún amor, realizado como una alternativa al tedio y a la soledad, la relación con *Maruca* —como la llamaba el poeta— se distinguirá sin embargo por algunas singularidades: ella será la única de sus mujeres que le dará un hijo (Malva Marina: una niña enferma desde su nacimiento, y que morirá en Europa antes de cumplir los ocho años); la única, también, que será negada sistemáticamente en su obra y su memoria. Margarita Aguirre afirma que jamás le dedicó un poema; ninguno, desde luego, en el tiempo en que vivieron juntos, pero lo que ya es más curioso es que ni siquiera la mencione de pasada en sus recapitulaciones autobiográficas (desde el «Yo soy» de *Canto general*, hasta *Memorial de Isla Negra*) en las que hay tiernos envíos hasta para los amores de infancia y adolescencia. Ese tratamiento distante, y casi podría decirse despectivo, culmina en *Confieso que he vivido*, donde le dedica un par de lacónicos renglones antes de ceder la palabra a Margarita Aguirre: hasta la breve descripción que la evoca, resulta así hecha por interpósita persona. De la correspondencia con Héctor Eandi —tan íntima, como se ha visto, en otras ocasiones— nos ha quedado una poco entusiasta descripción de los primeros tiempos de la pareja, que habla por sí sola.

De paso por Temuco, luego del lustro en Oriente, abrazado a
Laura y a la «mamadre»

Residencia en la tierra (1925-1935)

Mi mujer es holandesa, vivimos sumamente juntos, sumamente felices en una casa más chica que un dedal. Leo, ella cose. La vida consular, el protocolo, las comidas, smokings, fracs, chaqués, uniformes, bailes, cocktails todo el tiempo: un infierno. La casa es un refugio, pero los piratas nos rodean. Rompemos el sitio y huimos en automóvil, con termos y cognac y libros hacia las montañas y la costa. Nos tendemos en la arena, mirando la isla negra, Sumatra, y el volcán submarino Krakatau. Comemos sandwiches. Regresamos. No escribo. Leo todo Proust por cuarta vez. Me gusta más que antes. He descubierto un pintor surrealista. Salimos con él a comer en los restaurants chinos, bebemos cerveza. Hasta lo más extraño o lo más entrañable se convierte en rutina. Cada día es igual a otro en esta tierra.

En todo caso es en compañía de *Maruca* que Neruda regresa a Chile en 1932, luego de cinco años de ausencia en los trópicos orientales. Su situación profesional —como se desprende del párrafo anterior— había mejorado sensiblemente: hecho el «noviciado» de la carrera diplomática, su último cargo en Singapur le permitió una vida menos precaria que la que había llevado hasta entonces. En el año que pasa en Santiago, a su regreso, se suceden las publicaciones: corrige y ordena definitivamente los *Veinte poemas*, de los que aparecen sendas ediciones en Chile y en Buenos Aires; se decide a publicar —a casi diez años justos de su escritura— *El hondero entusiasta*, y es publicada la edición príncipe de *Residencia en la Tierra*. Con este bagaje se traslada a Buenos Aires, donde ha sido nombrado cónsul, en agosto de 1933. Menos de un año permanecerá en funciones en la capital argentina, pero su vida cambiará allí de signo, a modo de prólogo de la grande y decisiva permanencia en España. Recibido con afecto y admiración por los intelectuales porteños, Neruda accede por primera vez al mundo del éxito que ya no le abandonará. Lejos quedan los días de la bohemia santiaguina y de la angustia tropical, y el poeta se reafirma en la unidad de su destino: Oliverio Girondo, Conrado Nalé Roxlo, Norah Lange, Pablo Rojas Paz, Ricardo Molinari, Raúl González Tuñón, Amparo Mom, forman el círculo de sus amistades íntimas, una bohemia en su mayor parte dorada de gente de talento con alguna cima genial —como es el caso de Girondo—, con esa mezcla de refinamiento, escepticismo y *joie de vivre* que caracterizaba por aquellas décadas a la cultura rioplatense. El 13 de octubre de 1933, y en casa de Rojas Paz, conoce a Federico García Lorca, entonces en triunfal visita americana. Nombrado cónsul en Barcelona, parte finalmente a España el 5 de mayo de 1934, con *Maruca* embarazada de cuatro meses. En los dos años desde su regreso de Oriente y durante el primero que pase en la península, escribirá los poemas de *Residencia II*, cuya versión completa aparecerá en Madrid en septiembre de 1935. La guerra civil se dibuja en el horizonte, y una etapa densa e irrepetible de la ejecutoria poética de Pablo Neruda está a punto de concluir.

Treinta años después de dar cima a *Residencia I*, Neruda escribió su «Lautréamont reconquistado», que está incluido en *Cantos ceremoniales*.

> *es tarde, es una pieza de hotel, la muerte ronda.*
> *Maldoror con su lazo,*
> *escribe que te escribe su larga carta roja.*

En 1961, el reconocimiento de su deuda con el uruguayo es en todo caso retórico: Neruda, más que ninguno de sus contemporáneos, ya lo había revivido para la poesía castellana en el repudiado libro de su juventud. Rompiendo con todo antecedente inmediato —hasta con su propia poética— Neruda salta hacia atrás con la *Residencia*, vindica la sombra atormentada del adolescente de la Comuna y la fusiona con otro espectro mayor de su poesía: el de don Luis de Góngora en las *Soledades*. El vacío vertiginoso de Maldoror, el desarreglo sistemático del discurso gongorino, el salvavidas ambiguo e inquietante del hipérbaton, resuenan desde el comienzo de la *Residencia* como una alta marea que llegara de

Primera apoteósis pública: una de las recepciones en su honor, en Buenos Aires, en 1933

lejos, una resaca cuya originalidad consiste en ser antigua. Vallejo y Huidobro —los otros dos monstruos de ese momento— acceden a la palabra para inventar la poesía: *Trilce* y *Altazor* son piedras fundacionales, meteoritos celestes acaso irrepetibles. Neruda, por el contrario, se hunde como un minero en la poesía; se llena de voces, las convoca: quiere para él la monotonía esencial, la oscuridad luminosa de las palabras cristalizadas. No es por la novedad sino por la espesura, por la densidad asfixiante que las empapa por lo que las páginas de la *Residencia* golpean a quien las toca. Hay algo protervamente poético en ellas; algo que viene de lejos.

> *Por eso, en lo inmóvil, deteniéndose, percibir,*
> *entonces, como aleteo inmenso, encima,*
> *como abejas muertas o números,*
> *ay, lo que mi corazón pálido no puede abarcar,*
> *en multitudes, en lágrimas saliendo apenas,*
> *y esfuerzos humanos, tormentas,*
> *acciones negras descubiertas de repente*

Residencia en la tierra (1925-1935)

como hielos, desorden vasto,
oceánico, para mí que entro cantando,
como con una espada entre indefensos.

Jadea en «Galope muerto», que abre *Residencia I,*
para proclamar en «Significa sombras», que lo cierra:

Ay, que lo que soy siga existiendo y cesando de existir,
y que mi obediencia se ordene con tales condiciones de
                                                    [hierro
que el temblor de las muertes y de los nacimientos no
                                                    [conmueva
el profundo sitio que quiero reservar para mí eterna-
                                                    [mente.
Sea, pues, lo que soy, en alguna parte y en todo tiempo,
establecido y asegurado y ardiente testigo,
cuidadosamente destruyéndose y preservándose incesan-
                                                    [temente,
evidentemente empeñado en su deber original.

Entre ambos rigores, veintiséis poemas y cinco tex-

tos —la totalidad de su producción en Oriente— se
yerguen como otras tantas piedras de un acantilado.

Estoy solo entre materias desvencijadas,
la lluvia cae sobre mí y se me parece,
se me parece con su desvarío, solitario en el mundo
                                         [muerto,
rechazada al caer, y sin forma obstinada.

                            («Débil del alba»)

Siempre,
productos manufacturados, medias, zapatos,
o simplemente aire infinito,
habrá entre mis pies y la tierra
extremando lo aislado y lo solitario de mi ser,
algo tenazmente supuesto entre mi vida y la tierra,
algo abiertamente invencible y enemigo.

                        («Ritual de mis piernas»)

Agazapado en el cruce entre una y otra *Residencia*,
aguardaba el muerto mayor de la poesía nerudiana: don
Francisco de Quevedo y Villegas. Neruda no lo había
leído antes de llegar a España: adquirió su primer Quevedo, encuadernado en pergamino, en una librería de
lance de la estación de Atocha, en Madrid, en 1935. Años
después, dirá en su conferencia *Viaje al corazón de Quevedo*:

> A mí me hizo la vida recorrer los más lejanos sitios
> del mundo antes de llegar al que debió ser mi punto de
> partida: España. Y en la vida de mi poesía, en mi pe-
> queña historia de poeta, me tocó conocerlo casi todo
> antes de llegar a Quevedo.

Pero el autor de *Los sueños* no sólo será para Neru-
ra «el más grande de los poetas espirituales de todos
los tiempos», y la más reconocida de sus influencias:
curiosamente, es como si Neruda hubiese intuido la
poética quevediana mucho antes de conocerla, o como si
ambos poetas hubiesen salvado los tres siglos que los

separaban para establecer vasos comunicantes de obra a obra, un terreno de afinidades, una corriente de simpatía que se proyecta desde el corazón poético del chileno hasta el del maestro de la Torre de Juan Abad. Y el punto más alto de esa coincidencia de intenciones está para mí en los poemas de *Residencia II*, concluidos en su mayor parte antes del encuentro de Neruda con la palabra de su muerto mayor.

En efecto, el centro de gravedad se desplaza —de una a otra *Residencia*— de la melancolía a la cólera, de la desazón a la intimidad con la muerte, de los oscuros tropos y el equívoco hipérbaton a la desolada llaneza del discurso estoico. Lautréamont permanece, pero Góngora se retira para dar paso a Quevedo, vigía insustituible desde allí del pensamiento poético de Neruda.

De los 23 poemas que conforman *Residencia II* acaso el más célebre es «Walking Around», cuya economía implacable anticipa la concepción sartreana de la náusea, expuesta en la novela del mismo título que aparecería en 1938.

Sucede que me canso de ser hombre.
Sucede que entro en las sastrerías y en los cines
marchito, impenetrable, como un cisne de fieltro
navegando en un agua de origen y ceniza.

El olor de las peluquerías me hace llorar a gritos.
Sólo quiero un descanso de piedra o de lana,
sólo quiero no ver establecimientos ni jardines,
ni mercaderías, ni anteojos, ni ascensores.

Sucede que me canso de mis pies y mis uñas
y mi pelo y mi sombra.
Sucede que me canso de ser hombre.

Sin embargo sería delicioso
asustar a un notario con un lirio cortado
o dar muerte a una monja con un golpe de oreja.
Sería bello
ir por las calles con un cuchillo verde
y dando gritos hasta morir de frío.

Residencia en la tierra (1925-1935)

No quiero seguir siendo raíz en las tinieblas,
vacilante, extendido, tiritando de sueño,
hacia abajo, en las tapias mojadas de la tierra,
absorbiendo y pensando, comiendo cada día.

No quiero para mí tantas desgracias.
No quiero continuar de raíz y de tumba,
de subterráneo solo, de bodega con muertos
ateridos, muriéndome de pena.

Por eso el día lunes arde como el petróleo
cuando me ve llegar con mi cara de cárcel,
y aúlla en su transcurso como una rueda herida,
y da pasos de sangre caliente hacia la noche.

Y me empuja a ciertos rincones, a ciertas casas húmedas,
a hospitales donde los huesos salen por la ventana,
a ciertas zapaterías con olor a vinagre,
a calles espantosas como grietas.

Hay pájaros de color de azufre y horribles intestinos
colgando de las puertas de las casas que odio,
hay dentaduras olvidadas en una cafetera,
hay espejos
que debieran haber llorado de vergüenza y espanto,
hay paraguas en todas partes, y venenos, y ombligos.

Yo paseo con calma, con ojos, con zapatos,
con furia, con olvido,
paso, cruzo oficinas y tiendas de ortopedia,
y patios donde hay ropas colgadas de un alambre:
calzoncillos, toallas y camisas que lloran
lentas lágrimas sucias.

También aparece en este libro fundamental el primer intento de Neruda por reconstruir la que luego será la patria primigenia y recurrente de su poética: Temuco, la casa de madera, el anegado bosque austral.

Es una casa
situada en los cimientos de la lluvia,

Residencia en la tierra (1925-1935)

una casa de dos pisos con ventanas obligatorias
y enredaderas estrictamente fieles.
....
Es sólo un comedor abandonado,
y alrededor hay extensiones,
fábricas sumergidas, maderas
que sólo yo conozco,
porque estoy triste y viajo,
y conozco la tierra, y estoy triste.

(«Melancolía en la familia»)

El único poema que dedica a Malva Marina, su hija enferma, prematuramente muerta, cuyo recuerdo no volverá a reaparecer en su obra.

Como un grano de trigo en el silencio, pero
¿a quién pedir piedad por un grano de trigo?
Ved cómo están las cosas: tantos trenes,
tantos hospitales con rodillas quebradas,
tantas tiendas con gentes moribundas:
entonces, ¿cómo?, ¿cuándo?,
¿a quién pedir por unos ojos del color de un mes frío,
y por un corazón del tamaño del trigo que vacila?
....
Estoy cansado de una gota,
estoy herido en solamente un pétalo,
y por un agujero de alfiler sube un río de sangre sin
                                                    [*consuelo,*
y me ahogo en las aguas del rocío que se pudre en la
                                                    [*sombra,*
y por una sonrisa que no crece, por una boca dulce,
por unos dedos que el rosal quisiera
escribo este poema que sólo es un lamento,
solamente un lamento.

(«Enfermedades en mi casa»)

Los *Tres cantos materiales*, que anticipan el tono y la temática de las *Odas elementales*.

y a vuestra vida, a vuestra muerte asidme,
a vuestros materiales sometidos,

a vuestras muertas palomas neutrales,
y hagamos fuego, y silencio, y sonido,
y ardamos, y callemos, y campanas.

(«Entrada a la madera»)

Cuando a regiones, cuando a sacrificios
manchas moradas como lluvias caen,
el vino abre las puertas con asombro,
y en el refugio de los meses vuela
su cuerpo de empapadas alas rojas.

(«Estatuto del vino»)

O el surreal poema amoroso que es la «Oda a Federico García Lorca» («Así es la vida, Federico, aquí tienes / las cosas que te puede ofrecer mi amistad / de melancólico varón varonil. / Ya sabes por ti mismo muchas cosas / y otras irás sabiendo lentamente.»), y la espléndida elegía «Alberto Rojas Giménez viene volando».

Con la última página de *Residencia II* se cierra una etapa irrepetible de la poesía nerudiana, ya que la *Tercera Residencia* (1935-1945), como se verá, será un libro carente de unidad, con retazos de una poética que ya no lo sostenía, y atisbos de otra sin puntos de comparación que se proyectaba en su horizonte. En sazón, y como extraordinario fruto de su madurez creadora, esa nueva poética producirá el *Canto general*, quince años después. En ella resultaría inconcebible el desaliento existencial de la sonata «No hay olvido», penúltimo poema de la *Residencia*.

> *Si me preguntáis en dónde he estado*
> *debo decir «Sucede».*

Pero entre una y otra concepción del mundo y de su propia vida, habrán pasado para Neruda algo más que quince años de su cronología: viajes, militancia, audiencia masiva, amores, clandestinidad; reflexiones sobre el papel del canto en la historia del mundo, del poeta como depositario de la memoria de los hombres.

Y —como una luz central y definitiva— se habrá instalado España en su corazón.

España en el corazón
(1934-1939)

«Preguntaréis por qué su poesía
no nos habla del sueño de las hojas,
de los grandes volcanes de su país natal?
Venid a ver la sangre por las calles.»

En *Las vidas de Pablo Neruda*, Margarita Aguirre relata la irrupción del poeta en la península. *Cuenta Rafael Alberti que después de haber mantenido correspondencia durante varios años con Pablo Neruda, un buen día del mes de junio de 1934 —cuando ya no lo esperaba y hacía tiempo que no sabía nada de él— éste sube corriendo las escaleras de su casa y le dice:*
—Soy Pablo Neruda. Acabo de llegar y he venido a saludarte —y de seguido agrega—: tengo a mi mujer abajo, no te asustes pero es casi una giganta.
Así llegó Neruda a España, subiéndola a grandes trancos, feliz y torrencial.
Destinado como cónsul a Barcelona, el poeta venía decidido a instalarse en Madrid, hasta el punto de que alquila casa en el barrio de Argüelles al mes escaso de su llegada a España. Es en Madrid también que nacerá su hija, el 4 de octubre de ese año, y en la Universidad de la villa lo presentará oficialmente García Lorca a comienzos de diciembre. Dos meses después consigue ser trasladado como cónsul a la capital española, realizando su sueño.
El matrimonio con *Maruca* Hagenaar va de mal en peor, y 1934 es año de tormentosas relaciones eróticas

del poeta: a dos de ellas dedicará *Las furias y las penas,* que escribe por entonces pero no publicará hasta cinco años más tarde, a su regreso a Chile. En una fiesta en casa de Morla Lynch conoce a Delia del Carril —quien será su mujer durante las décadas siguientes, y fue uno de los dos grandes amores de su vida— y la tempestad erótica se asienta. Su popularidad, entre tanto, sube como la espuma, sobre todo a partir del homenaje que le tributan los poetas españoles a menos de un año de su llegada: en abril de 1935 se publica una *plaquette* anticipatoria de la edición de *Residencia en la Tierra,* con un encendido prólogo que firman Alberti, Aleixandre, Cernuda, Gerardo Diego, León Felipe, García Lorca, Guillén, Salinas y Miguel Hernández, entre otros. *Chile ha enviado a España al gran poeta Pablo Neruda* —dicen allí—, *cuya evidente fuerza creadora, en plena posesión de su destino poético, está produciendo obras personalísimas, para honor del idioma castellano.* Un lustro después de su desolada correspondencia con Eandi —en la que clamaba por un lugar tranquilo, un matrimonio burgués y un sueldo estable, pareciéndole imposible que alguien se interesase de verdad en la publicación de sus poemas— Neruda es célebre, respetado, influyente: las mejores voces de España le encargan la dirección de la revista *Caballo verde para la poesía,* su *Residencia en la Tierra* sienta magisterio· y es alabada unánimemente, y hasta tiene la fortuna de contar como discípulo a Miguel Hernández, el más hondo y deslumbrador de los poetas españoles de este siglo. *Es el gran triunfo literario* —afirma su biógrafa—. *Sólo Rubén Darío tuvo en España una repercusión semejante.* Madrid es una fiesta, y el poeta la vive a manos llenas.

Con Federico y Alberti, que vivía cerca de mi casa en un ático sobre una arboleda, la arboleda perdida, con el escultor Alberto, panadero de Toledo que por entonces ya era maestro de la escultura abstracta, con Altolaguirre y Bergamín; con el gran poeta Luis Cernuda, con Vicente Aleixandre, poeta de dimensión ilimitada, con el arquitecto Luis Lacasa, con todos ellos en un sólo grupo, o en varios, nos veíamos diariamen-

España en el corazón (1934-1939)

Con Federico García Lorca, su amigo inolvidable

te en casas y cafés. De la Castellana o de la cervecería de Correos viajábamos hasta mi casa, la casa de las flores, en el barrio de Argüelles. Desde el segundo piso de uno de los grandes autobuses que mi compatriota, el gran Cotapos, llamaba «bombardones», descendíamos en grupos bulliciosos a comer, beber y cantar (...) ¡Aquel Madrid! Nos íbamos con Maruja Mallo, la pintora gallega, por los barrios bajos buscando las casas donde venden esparto y esteras, buscando las calles de los toneleros, de los cordeleros, de todas las materias secas de España, materias que trenzan y agarrotan su corazón.

El cenit español de Neruda alcanza su culminación a mediados de 1936: a partir de esa fecha, las cosas tomarán un rumbo distinto para todos.

El sexto número de *Caballo Verde* se quedó en la calle Viriato sin compaginar ni coser. Estaba dedicado a Julio Herrera y Reissig —segundo Lautréamont de Montevideo— y los textos que en su homenaje escribieron los poetas españoles, se pasmaron ahí con su belleza, sin gestación ni destino. La revista debía aparecer el 19 de julio de 1936, pero aquel día se llenó de pólvora la calle. Un general desconocido, llamado Francisco Franco, se había rebelado contra la República en su guarnición de África.

Tres días antes, Federico García Lorca se había marchado a su Granada natal, en el que sería su último viaje. Neruda recuerda que habían quedado en asistir a un encuentro de *catch-as-can*, protagonizado por dos monstruos inefables apodados el Troglodita Enmascarado y el Estrangulador Abisinio.

Federico faltó a la cita. Ya iba camino de su muerte. Ya nunca más nos vimos. Su cita era con otros estranguladores. Y de ese modo la guerra de España, que cambió mi poesía, comenzó para mí con la desaparición de un poeta.

El asesinato de Federico y la posterior prisión y muerte de Miguel Hernández —los dos poetas con los cuales le unía una afinidad más entrañable— figurarán entre los mayores dolores de la vida de Neruda, y no cesará de recordarlos y de recontar su amistad en casi cada libro que publique desde entonces. Pero no hay que buscar en estas emotivas y personales razones el cambio gigantesco de la poética nerudiana: ya en 1934 —cuando la feroz represión a los mineros asturianos— había comenzado a sensibilizarse con las causas populares, y pronto comienza a hablar, en su *Caballo Verde*, de «una poesía sin pureza». A comienzos del 36, bandas fascistas asaltan y destruyen la casa de Rafael Alberti, y éste recorre América —enviado por el Socorro Rojo— para pedir ayuda ante la inminencia de la catástrofe. Cuando regresa, iniciada la guerra, se pone al frente de la revista *El mono azul*, publicación literaria destinada a las trincheras. Neruda va a verlo llevándole su «Canto a las madres de los milicianos muertos», que luego incluirá en *España en el corazón*, y que se asegura fue su primer poema militante.

Yo no me olvido de vuestras desgracias, conozco vuestros hijos
y si estoy orgulloso de sus muertes,
estoy también orgulloso de sus vidas.
                              Sus risas
relampagueaban en los sordos talleres,
sus pasos en el Metro
sonaban a mi lado cada día, y junto
a las naranjas de Levante, a las redes del Sur, junto
a la tinta de las imprentas, sobre el cementerio de las
                                          [arquitecturas
he visto llamear sus corazones de fuego y energías.

Alberti publica el poema en forma anónima, para no perjudicar la situación diplomática de su amigo. Precaución inútil: Neruda se ha comprometido apasionadamente ya con el destino de la República, y el gobierno conservador de Arturo Alessandri lo destituye de su cargo.

El poeta se separa por entonces de María Antonieta

Hagenaar —quien marcha a Holanda con la hija de ambos— y vive con Delia del Carril. Viaja a Valencia y luego a París, donde organiza y dirige —en compañía de Nancy Cunard, a quien dedicará tiernas y nobles páginas en sus Memorias— la revista de combate *Los Poetas del Mundo Defienden al Pueblo Español*. En febrero de 1937 pronuncia su conmovedora conferencia sobre García Lorca y organiza, secundando al infatigable Louis Aragón, el Congreso de Escritores Antifascistas, cuyas sesiones preliminares se habían desarrollado en Valencia, y que debía reunirse en el Madrid asediado de aquellos días. «Nunca había salido de París un tren tan lleno de escritores como aquel», recuerda Neruda, refiriéndose al increíble convoy internacional que se dirigió a la capital española, llevando en sus vagones a César Vallejo, Vicente Huidobro, André Malraux, Octavio Paz, Rafael Alberti, Tristán Tzara, Julien Benda, Raúl González Tuñón, y decenas más de autores italianos, ingleses, soviéticos... además del propio Neruda y Aragón. La guerra de España —sin duda el acontecimiento que ha hecho correr más tinta en este siglo—, convocaba desde sus comienzos un gigantesco cónclave de escritores.

En octubre de 1937, Neruda regresa a Chile, donde publica *España en el corazón*: el éxito del libro es fulminante; en pocos meses se agotan cuatro ediciones sucesivas. En pleno frente del Este, en las proximidades de Gerona, Manuel Altolaguirre monta una imprenta de campaña, y publica la célebre edición miliciana de *España en el corazón*.

Los soldados del frente aprendieron a parar los tipos de imprenta. Pero entonces faltó el papel. Encontraron un viejo molino y allí decidieron fabricarlo. Extraña mezcla la que se elaboró, entre las bombas que caían, en medio de la batalla. De todo le echaban al molino, desde una bandera del enemigo hasta la túnica ensangrentada de un soldado moro. A pesar de los insólitos materiales, y de la total inexperiencia de los fabricantes, el papel quedó muy hermoso. Los pocos ejemplares que de ese libro se conservan, asom-

Al comienzo de su relación con Delia del Carril, su compañera de muchos años

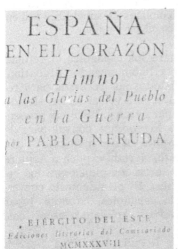

Portada de la edición príncipe de **España en el corazón,** impresa por Manuel Altolaguirre en el frente del Este, en plena guerra civil.

España en el corazón (1934-1939)

bran por la tipografía y por los pliegos de misteriosa manufactura. Años después vi un ejemplar de esta edición en Washington, en la biblioteca del Congreso, colocado en una vitrina como uno de los libros más raros de nuestro tiempo.

Poco después de esta fantástica edición, se precipita el descalabro de la República.

Con esas filas que marchaban al destierro iban los sobrevivientes del ejército del Este, entre ellos Manuel Altolaguirre y los soldados que hicieron el papel e imprimieron *España en el corazón*. Mi libro era el orgullo de esos hombres que habían trabajado mi poesía en un desafío a la muerte. Supe que muchos habían preferido acarrear sacos con los ejemplares impresos antes que sus propios alimentos y ropas. Con los sacos al hombro emprendieron la larga marcha hacia Francia.

La inmensa columna que caminaba rumbo al destierro fue bombardeada cientos de veces. Cayeron muchos soldados y se desparramaron los libros en la carretera. Otros continuaron la inacabable huida. Más allá de la frontera trataron brutalmente a los españoles que llegaban al exilio. En una hoguera fueron inmolados los últimos ejemplares de aquel libro ardiente que nació y murió en plena batalla.

Sudamérica iba a ser para los españoles el refugio y el hogar que Francia les había negado. Argentina, Uruguay, Chile... movilizan todos sus recursos para recibir a los refugiados. Neruda va a ver al recién elegido presidente Aguirre Cerda, para transmitirle su preocupación por España, y éste lo nombra cónsul para la Emigración —cargo que inventa en ese momento— con sede en París. Prudentemente, Neruda explica a Aguirre Cerda que se trata de una tarea compleja; que los refugiados se cuentan por miles. El presidente le contesta: —Tráigame millares de españoles, haremos lugar para todos. Tráigame pescadores, tráigame vascos, castellanos, extremeños...

Con tan generosa venia, Neruda regresa a Europa

—a pesar de encontrarse con una pierna enyesada, a causa de una operación—: permanecerá en París desde marzo de 1939 hasta finales del mismo año, asistiendo al derrumbe de la República española y al comienzo de la Segunda Guerra Mundial. Sorteando mil dificultades y trabajando intensamente, conseguirá finalmente fletar un barco —el *Winnipeg*— que llegará a fines de año a Valparaíso, repleto al máximo de refugiados españoles. En *Memorial de Isla Negra*, el poeta recordará la gesta de aquel embarque multitudinario.

> *Mi navío esperaba*
> *Con su remoto nombre*
> *«Winnipeg»*
> *pegado al malecón del jardín encendido,*
> *a las antiguas uvas acérrimas de Europa.*
> *Pero mis españoles no venían*
> *de Versalles,*
> *del baile plateado,*
> *de las viejas alfombras de amaranto,*
> *de las copas que trinan*
> *con el vino,*
> *no, de allí no venían,*
> *no, de allí no venían.*

Con ellos, Neruda vuelve a América, en el umbral de la década del cuarenta: será la década más americana de la vida del poeta, y justamente al final de la misma arribará a la cumbre del *Canto general*.

☆   ☆   ☆

En 1947, la Editorial Losada de Buenos Aires publica *Tercera Residencia* (1935-1945), que reúne la producción de Neruda realizada entre *Residencia en la Tierra (I y II)* y el *Canto general*. Reflejo fiel de los años de transición entre estos dos libros mayores, *Tercera Residencia* es uno de los libros menos unitarios de Neruda, e inclusive lleno de debilidades respecto a su concepción poética del mundo. Pese a algunos destellos fulgurantes —un gran poeta jamás se equivoca del todo, por extraviado que ande— *Tercera Residencia* es pálida en su primera parte («La ahogada del cielo») que pretende seguir las huellas de sus dos hermanas anteriores, y demasiado desbocada y poco sutil en las que tratan de anticipar el verbo combativo y la tenaz respiración del *Canto general*.

Entre estas predominantes indecisiones destaca el soberbio erotismo y la violenta palabra de *Las furias y las penas*, escrito en 1934 y publicado como libro independiente en 1939, al regreso del poeta a Chile. Largo poema de amor y de desolación, *Las furias* es contemporáneo de *Residencia II*, y respira con el mismo aliento lúcido y angustiado de «No hay olvido» o de «Walking Around».

En el fondo del pecho estamos juntos,
en el cañaveral del pecho recorremos
un verano de tigres,
al acecho de un metro de piel fría,
al acecho de un ramo de inaccesible cutis,
con la boca olfateando sudor y venas verdes
nos encontramos en la húmeda sombra que deja caer
[besos.

. . . .

Por qué sí? Por qué no? Los días descubiertos
aportan roja-arena sin cesar destrozada
a las hélices puras que inauguran el día,
y pasa un mes con corteza de tortuga,
pasa un estéril día,
pasa un buey, un difunto,
una mujer llamada Rosalía,
y no queda en la boca sino un sabor de pelo
y de dorada lengua que con sed se alimenta.
Nada sino esa pulpa de los seres,
nada sino esa copa de raíces.

. . . .

Recuerdo sólo un día

España en el corazón (1934-1939)

que tal vez nunca me fue destinado,
era un día incesante,
sin orígenes. Jueves.
Yo era un hombre transportado al acaso,
con una mujer hallada vagamente,
nos desnudamos
como para morir o nadar o envejecer
y nos metimos uno dentro del otro,
ella rodeándome como un agujero,
yo quebrantándola como quien
golpea una campana,
pues ella era el sonido que me hería
y la cúpula dura decidida a temblar.

....

Así es la vida,
corre tú entre las hojas, un otoño
negro ha llegado,
corre vestida con una falda de hojas y un cinturón de
[metal amarillo,
mientras la neblina de la estación roe las piedras.

Corre con tus zapatos, con tus medias,
con el gris repartido, con el hueco del pie, y con esas
[manos que el tabaco salvaje adoraría,
golpea escaleras, derriba
el papel negro que protege las puertas,
y entra en medio del sol y la ira de un día de puñales
a echarte como paloma de luto y nieve sobre un cuerpo.

Es una sola hora larga como una vena,
y entre el ácido y la paciencia del tiempo arrugado
transcurrimos,
apartando las sílabas del miedo y la ternura,
interminablemente exterminados.

Después de este verdadero testamento a una manera
poética que Neruda ejerció con maestría entre sus veinte y sus treinta años, la *Tercera Residencia* cambia brusca y definitivamente de tono: sucede España.

Libro de batalla, *España en el corazón* —precedido por un explícito poema que se llama «Reunión bajo las nuevas banderas»— es el encuentro visceral del poeta con el mundo. Incómodo aún en la envoltura de su nueva poética, sólo en contadas ocasiones Neruda está a la altura de sus libros anteriores («Explico algunas cosas», «Paisaje después de una batalla»), pero la mayoría de las veces se queda en el panfleto («El general Franco en los infiernos»), o desciende a la simplicidad enumerativa (en «Cómo era España» llega a formar una letanía de 56 versos, exclusivamente con los nombres de más de un centenar de pueblos españoles).

La quinta y última parte de la *Tercera Residencia* fue escrita durante los años de la guerra mundial, y es coherente con unas declaraciones que el poeta hace al diario *El Siglo*, de Santiago, a fines de febrero de 1943.

> Toda creación que no esté al servicio de la libertad en estos días de amenaza total, es una traición. Todo libro debe ser una bala contra el Eje: toda pintura debe ser propaganda: toda obra científica debe ser un instrumento y arma para la victoria.

Canto general (1938-1950)

«Sube conmigo, amor americano.»

El *Canto general* es no sólo la más vasta y ambiciosa producción de Neruda sino, muy probablemente, la mayor sistemática emprendida jamás en la historia de la poesía hispánica. Sus 405 páginas —en la edición de las *Obras Completas*, que tengo a mano ahora— fueron escritas a lo largo de más de diez años, y constan de quince libros divididos en 249 cantos o capítulos: el total de la obra, pasa de los trece mil versos.

Pensado en principio como *Canto general de Chile* (que acabó siendo el Libro VII del *Canto general*) el gigantesco poema responde como ninguna otra obra de su autor a la intención de crónica totalizadora que estuvo desde el comienzo de su ejecutoria en la mente de Neruda, y que volverá a intentar (desde otro modelo) con los libros de las *Odas*, y con el *Memorial de Isla Negra*. Cuando acababa de publicar este último título, Neruda hizo justamente un balance de su producción hasta entonces, y de las propuestas que lo habían animado en cada uno de sus libros mayores.

En la soledad y aislamiento en que vivía y asistido por el propósito de dar una gran unidad al mundo que yo quería expresar, escribí mi libro más ferviente y más vasto: el *Canto general*. Este libro fue la coronación de mi tentativa ambiciosa. Es extenso como un buen fragmento del tiempo y en él hay sombra y luz a la vez, porque yo me proponía que abarcara el espacio mayor en que se mueven, crean, trabajan y perecen las vidas y los pueblos (...) Aunque muchas técnicas, desde las antiguas del clasicismo, hasta los versos populares, fueron empleadas por mí en este *Canto*, quiero algunas palabras sobre uno de mis propósitos. Se trata del prosaismo que muchos me reprochan como si tal procedimiento manchara o empañara esta obra. El prosaísmo está íntimamente ligado a mi concepto de CRÓNICA. El poeta debe ser, parcialmente, el CRONISTA de su época. La crónica no debe ser quintaesenciada, ni refinada, ni cultivista. Debe ser pedregosa, polvorienta, lluviosa y cotidiana. Debe tener la huella miserable de los días inútiles y las execraciones y lamentaciones del hombre.

Cualquier cosa puede opinarse del *Canto*, menos que Neruda no haya cumplido con la propuesta que motivó la escritura de su obra. El *Canto* es, sin duda, básicamente una crónica de América, pero la definición es corta para abarcar los diversos campos en los que esa crónica se mueve (historia, geografía, folklore, botánica, antropología...), o la riqueza de voces, metros y ritmos (los tonos proféticos alternan con los picarescos, el romancero con la furia, la esperanza con el vuelo lírico; los suntuosos alejandrinos ceden el paso a las coplas, y éstas a los versos de pie quebrado; la letanía deja lugar al riguroso endecasílabo, el verso blanco a la rima) con los que el poeta levantó armoniosamente la arquitectura sinfónica de esta obra maestra.

A tal punto es así, que me veo forzado a desglosar el *Canto General* libro por libro, para intentar siquiera un resumen aproximativo de su contundente grandeza.

I — La lámpara en la tierra. La obra se abre con la invocación al mundo precolombino («Tierra mía sin nombre, sin América»), a los orígenes geológicos, a las selvas pobladas de pájaros y a las cordilleras interminables, a las voces del agua que luego se llamarán Orinoco, Amazonas, Tequendama, Bío Bío. «No hay nadie. Mira las piedras // Mira las piedras de Arauco»: sólo al final del libro la tierra comienza a poblarse de tarahumaras, aztecas, caribes, mayas, incas, araucanos...

Antes de la peluca y la casaca
fueron los ríos, ríos arteriales:
fueron las cordilleras, en cuya onda raída
el cóndor o la nieve parecían inmóviles:
fue la humedad y la espesura, el trueno
sin nombre todavía, las pampas planetarias.

«Amor América (1400)»

Amazonas,
capital de las sílabas del agua,
padre patriarca, eres
la eternidad secreta
de las fecundaciones,
te caen ríos como aves, te cubren
los pistilos color de incendio,
los grandes troncos muertos te pueblan de perfume,
la luna no te puede vigilar ni medirte.

«Los ríos acuden»

II — Alturas de Macchu Picchu.   En octubre de 1943, volviendo a Santiago de su misión consular en México, Neruda visita el Perú y es invitado a conocer las ruinas de Macchu Picchu, antigua ciudadela preincaica construida a 2.400 metros de altura, en plena cordillera, asomada a un cañón del río Urubamba. Fue descubierta en 1912 por el arqueólogo Hirasu Bingham, y desde entonces se convirtió en el símbolo de la remota antigüedad de la cultura americana: los conquistadores españoles desconocieron su existencia, y es probable que los propios incas tuviesen sólo una versión fabulosa de ella. Impresionado por su majestad, Neruda compone —dos años después de su visita— un extenso poema en doce cantos, que es una de las cumbres absolutas de su producción: toda la hondura metafísica de *Residencia* reaparece en él, perfectamente ensamblada en la nueva poética de su autor, cuya maestría es también admirable en el plano formal, y en la extraordinaria progresión dramática que da al desarrollo del poema. Casi en el pórtico del *Canto general*, este libro es sin duda uno de los más espléndidos de la obra.

I

Del aire al aire, como una red vacía,
iba yo entre las calles y la atmósfera, llegando y despi-
                                              [diendo,
en el advenimiento del otoño la moneda extendida
de las hojas, y entre la primavera y las espigas,
lo que el más grande amor, como dentro de un guante
que cae, nos entrega como una larga luna.

(Días de fulgor vivo en la intemperie
de los cuerpos: aceros convertidos
al silencio del ácido:
noches deshilachadas hasta la última harina:
estambres agredidos de la patria nupcial.)

Alguien que me esperó entre los violines
encontró un mundo como una torre enterrada
hundiendo su espiral más abajo de todas
las hojas de color de ronco azufre:
más abajo, en el oro de la geología,
como una espada envuelta en meteoros,
hundí la mano turbulenta y dulce
en lo más genital de lo terrestre.

Puse la frente entre las olas profundas,
descendí como gota entre la paz sulfúrica,
y, como un ciego, regresé al jazmín
de la gastada primavera humana.

VIII

Sube conmigo, amor americano.

Besa conmigo las piedras secretas.
La plata torrencial del Urubamba
hace volar el polen a su copa amarilla.

Vuela el vacío de la enredadera,
la planta pétrea, la guirnalda dura

sobre el silencio del cajón serrano.
Ven, minúscula vida, entre las alas
de la tierra, mientras —cristal y frío, aire golpeado
apartando esmeraldas combatidas,
oh agua salvaje, bajas de la nieve.

....

X

Piedra en la piedra, el hombre, ¿dónde estuvo?
Aire en el aire, el hombre, ¿dónde estuvo?
Tiempo en el tiempo, el hombre, ¿dónde estuvo?
¿Fuiste también el pedacito roto
de hombre inconcluso, de águila vacía
que por las calles de hoy, que por las huellas,
que por las hojas del otoño muerto
va machacando el alma hasta la tumba?
La pobre mano, el pie, la pobre vida...
Los días de la luz deshilachada
en ti, como la lluvia
sobre las banderillas de la fiesta,
¿dieron pétalo a pétalo de su alimento oscuro
en la boca vacía?
               Hambre, coral del hombre,
hambre, planta secreta, raíz de los leñadores,
hambre, subió tu raya de arrecife
hasta estas altas torres desprendidas?

....

XII

Sube a nacer conmigo, hermano.

Dame la mano desde la profunda
zona de tu dolor diseminado.
No volverás del fondo de las rocas.
No volverás del tiempo subterráneo.
No volverá tu voz endurecida.
No volverán tus ojos taladrados.

....

Yo vengo a hablar por vuestra boca muerta.
A través de la tierra juntad todos
los silenciosos labios derramados
y desde el fondo habladme toda esta larga noche
como si yo estuviera con vosotros anclado,
contadme todo, cadena a cadena,
eslabón a eslabón, y paso a paso,
afilad los cuchillos que guardasteis,
ponedlos en mi pecho y en mi mano,
como un río de rayos amarillos,
como un río de tigres enterrados,
y dejadme llorar, horas, días, años,
edades ciegas, siglos estelares.
Dadme el silencio, el agua, la esperanza.
Dadme la lucha, el hierro, los volcanes.

Apegadme los cuerpos como imanes.
Acudid a mis venas y a mi boca.

Hablad por mis palabras y mi sangre.

III — Los conquistadores. El libro tercero es una
feroz condena a la barbarie de que hicieron gala los conquistadores españoles, a la rapiña y mezquindad de sus
capitanes, a la estulticia y fanatismo de sus clérigos («El
obispo levantó el brazo, / quemó en la plaza los libros /
en nombre de su Dios pequeño»). No obstante, el poeta
también es sensible a la grandeza de aquellos hombres
casi inconcebibles desde nuestra medida de lo humano,
como en el «Homenaje a Balboa».

Descubridor, el ancho mar, mi espuma,
latitud de la luna, imperio del agua,
después de siglos te habla por boca mía.
Tu plenitud llegó antes de la muerte.
Elevaste hasta el cielo la fatiga,
y de la dura noche de los árboles
te condujo el sudor hasta la orilla
de la suma del mar, del gran océano.

IV — Los libertadores. Es el mayor fresco histórico

de la obra, y uno de los libros más extensos de los quince que la componen. Desde los caciques que —como Cuauhtémoc o Lautaro— resistieron a la conquista española en el siglo XVI, hasta los guerrilleros y líderes obreros del XX —Zapata, Sandino, Recabarren, Prestes—, pasando por los llamados «padres de la patria» —los héroes de las guerras de la Independencia, como Miranda, Bolívar, San Martín, O'Higgins—, Neruda hace un exaltado resumen de la vocación libertaria de América durante cuatrocientos años, así como de su implacable destino de sometimientos y de sucesivos cambios de amo. El libro es también de una extraordinaria variedad rítmica, que consigue ensamblar el alto tono clásico de composiciones como «José Miguel Carrera» (con coro, éxodo y antistrofa), con el repique popular de la cueca «Manuel Rodríguez».

V — La arena traicionada. A modo de contracanto del libro anterior, éste trata de los dictadores y tiranos de América, en los poco más de cien años que por entonces llevaba de independencia. Un epílogo especial está dedicado a González Videla «el traidor de Chile», quien llegó al poder en 1946 aupado por las fuerzas populares, dando vuelta totalmente su programa una vez en la presidencia. Neruda —que había sido jefe de propaganda de su campaña presidencial—, perdió luego su inmunidad parlamentaria por convertirse en su encarnizado opositor, sufrió persecuciones y vivió catorce meses en la clandestinidad —por primera y única vez en su vida— para evitar ser enviado a prisión: en su tiempo de clandestino, precisamente, concluyó el *Canto general.*

VI — América, no invoco tu nombre en vano. Libro pequeño, a modo de cesura establecida entre el primero y el segundo tercio del plan de la obra, está compuesto por 18 poemas breves de variada temática, que tienen como denominador común la solidaridad del poeta con los desamparados de la tierra.

VII — Canto general de Chile. Consta de XVII ca-

pítulos que resumen el planteo original que el poeta
se había hecho en 1938: un paseo por la historia, la
gente, las piedras, las flores y las artesanías de su país,
con una estructura sumamente fluida, que va engan-
chando casi un tema a otro, sin cortes bruscos ni es-
tridencias.

> *Patria, mi patria, vuelvo hacia ti la sangre.*
> *Pero te pido, como a la madre el niño*
> *lleno de llanto.*
>
> *Acoge*
> *esta guitarra ciega*
> *y esta frente perdida.*
> *Salí a encontrarte hijos por la tierra,*
> *salí a cuidar caídos con tu nombre de nieve,*
> *salí a hacer una casa con tu madera pura,*
> *salí a llevar tu estrella a los héroes heridos.*
>
> *Ahora quiero dormir en tu substancia.*
> *Dame tu clara noche de penetrantes cuerdas,*
> *tu noche de navío, tu estatura estrellada.*
>
> ....
> «Himno y regreso (1939)»

VIII — La tierra se llama Juan. Consta de diecisie-
te poemas, quince de los cuales son historias de obreros, agricultores y artesanos, narradas en primera persona por los protagonistas, a la manera de Edgar Lee
Masters en la *Spoon River Anthology.* La suma de estas
humildes vidas, de las explotaciones que sufrieron, de
sus fracasos, es un conmovido homenaje del poeta a
ese genérico Juan que estuvo en todo momento «detrás
de los libertadores».

IX — Que despierte el leñador. Libro político, es
un canto de amor y advertencia a los Estados Unidos,
recientes triunfadores por entonces de la Segunda Guerra Mundial. Neruda invoca en él la sombra de los bú-
falos, la libertad de la llanura, la palabra de Whitman
y de Melville, el sueño antiesclavista de Abraham Lin-

coln (que es el leñador del título). En un estupendo final en verso menor, que preanuncia la bonhomía y la difícil sencillez del *Estravagario*, el poeta dice:

> *Que nadie piense en mí.*
> *Pensemos en toda la tierra,*
> *golpeando con amor en la mesa.*
> *No quiero que vuelva la sangre*
> *a empapar el pan, los frijoles,*
> *la música: quiero que venga*
> *conmigo el minero, la niña,*
> *el abogado, el marinero,*
> *el fabricante de muñecas,*
> *que entremos al cine y salgamos*
> *a beber el vino más rojo.*
>
> *Yo no vengo a resolver nada.*
>
> *Yo vine aquí para cantar*
> *y para que cantes conmigo.*

X — *El fugitivo.* Privado de su inmunidad parlamentaria —en 1945 había sido elegido senador de la república, por las provincias de Tarapacá y Antofagasta— Neruda es sometido a juicio político, y pasa a la clandestinidad. Durante un año recorre Chile, refugiándose en diversas casas que le brindan asilo y escribiendo el *Canto general*, hasta que consigue atravesar la cordillera de los Andes por su extremo sur, a lomo de mula, y llegar a la Argentina en febrero de 1949. Disfrazado y con un espeso bigote que lo hace irreconocible, todo lo que lleva consigo son los originales del *Canto*. Su poema —tan camuflado como él— lleva el falso título de *Risas y lágrimas*, en una carpeta consignada a nombre de un inventado Benigno Espinoza. Ésta es la peripecia que se narra en el décimo libro.

> *A todo, a todos,*
> *a cuantos no conozco, a cuantos nunca*
> *oyeron este nombre, a los que viven*

Disimulado por el espeso bigote, durante el año de su clandestinidad en Chile

a lo largo de nuestros largos ríos,
al pie de los volcanes, a la sombra
sulfúrica del cobre, a pescadores y labriegos,
a indios azules en la orilla
de lagos centelleantes como vidrios,
al zapatero que a esta hora interroga
clavando el cuero con antiguas manos,
a ti, al que sin saberlo me ha esperado,
yo pertenezco y reconozco y canto.

XI — Las flores de Punitaqui. Abre este libro el último tercio de la obra, y su tema es el recuento de la campaña electoral que hizo Neruda por el norte chileno, a consecuencia de la cual fue elegido senador. Campaña singular —hecha a base de poemas y comunicación individual y directa con los campesinos— esta experiencia fue decisiva en la vida de Neruda, y lo reafirmó en la verdad de las fuentes que había elegido para su poética.

XII — Los ríos del canto. Miguel Otero Silva, Rafael Alberti, González Carballo, Silvestre Revueltas, Miguel Hernández, los poetas hermanos son «los ríos del canto», y a ellos dedica Neruda este libro compuesto en tono mayor, con la música lenta y reposada de la comunicación epistolar.

Ya sabes, hijo mío, cuánto no pude hacer, ya sabes
que para mí, de toda la poesía, tú eras el fuego azul.
Hoy sobre la tierra pongo mi rostro y te escucho,
te escucho, sangre, música, panal agonizante.

No he visto deslumbradora raza como la tuya,
ni raíces tan duras, ni manos de soldado,
ni he visto nada vivo como tu corazón
quemándose en la púrpura de mi propia bandera.

«A Miguel Hernández, asesinado en los presidios de España.»

XIII — Coral de año nuevo para la patria en tinie-

blas. Es cronológicamente el último de los libros del *Canto*, escrito cuando el poeta se dispone a iniciar un exilio que no sabe cuánto durará. Como la cordillera a la que evoca, el libro tiene dos vertientes: por una, bronca e implacable, se reitera la condena al dictador González Videla; por la otra, límpida y melódica, Neruda proclama más alto que nunca su chilenidad, su irrenunciable amor a la gente y las cosas de su país.

Feliz año, chilenos, para la patria en tinieblas,
feliz año para todos, para cada uno menos uno,
somos tan pocos, feliz año, compatriotas, hermanos,
hombres, mujeres, niños, hoy a Chile, a vosotros
vuela mi voz, golpea como un pájaro ciego
tu ventana, y te llama desde lejos.
....

«Saludo (1949)»

XIV — El gran océano. La vieja intimidad de Neruda con el Pacífico Sur se manifiesta aquí, por primera vez en su obra, en todo su esplendor: la reconstrucción mítica de la misteriosa Rapa-Nui (Isla de Pascua), el diálogo con las profundidades abisales, los poemas dedicados a los pájaros marinos o a los pobladores de las costas, hasta esa pequeña joya de composición que es «Mollusca gongorina» (escrita por el gran malacólogo que Neruda fue); el libro todo transmite una riqueza paisajística, carnal, que lo pone fuera de la historia y sus aconteceres, que le da un aire de inmutabilidad al que ayudan grandemente los metros amplios y suntuosos a los que recurre el poeta. Es como si, a punto de cerrar la obra con el capítulo «de autor», Neruda quisiera volver al esplendor primigenio —esta vez desde el lado marino—, al tiempo original anterior a la civilización con el que abrió su sinfonía.

XV — Yo soy. Por primera vez en su obra —lo repetirá luego, hasta culminar en el gran arreglo de cuentas consigo mismo que es *Memorial de Isla Negra*— Neruda pasa revista a su vida, señalando los puntos centrales de su biografía: la intimidad con la frontera («Mi infancia son zapatos mojados, troncos rotos / caídos en la selva, devorados por lianas»), la enamorada de Temuco («sólo unas trenzas cuyo movimiento subía / hacia mi soledad como una hoguera negra»), la casa, el padre, el primer viaje a Santiago, la amante de los arrabales («Oh tú, más dulce, más interminable / que la dulzura, carnal enamorada»), el viaje a Oriente, la guerra de España, el encuentro del amor en su relación con Delia del Carril, su temporada en México y su regreso a Chile, su descubrimiento definitivo de las simples y puras cosas de la tierra («Quiero comer cebollas, tráeme del mercado / una, un globo colmado de nieve cristalina») que anticipa el paso siguiente de su poesía hacia los libros de las *Odas*, su profesión de fe comunista. Para bien y para mal, para admiradores y enemigos, todo Neruda está aquí de pie y de cuerpo entero: al culminar su vastísimo poema, el poeta pone a disposición del mundo sus señas de identidad.

No sé, mi amor, si tendré tiempo y sitio
de escribir otra vez tu sombra fina
extendida en mis páginas, esposa:
son duros estos días y radiantes,
y recogemos de ellos la dulzura
amasada con párpados y espinas.
Ya no sé recordar cuándo comienzas:
estabas antes del amor,
               venías
con todas las esencias del destino,
y antes de ti, la soledad fue tuya,
fue tal vez tu dormida cabellera.
Hoy, copa de mi amor, te nombro apenas,
título de mis días, adorada,
y en el espacio ocupas como el día
toda la luz que tiene el universo.

                                        «El amor»

Que otro se preocupe de los osarios...
                                        El mundo

Canto general (1938-1950)

tiene un color desnudo de manzana: los rios
arrastran un caudal de medallas silvestres
y en todas partes vive Rosalía la dulce
y Juan el compañero...

....

«La vida»

Dejo a los sindicatos
del cobre, del carbón y del salitre
mi casa junto al mar de Isla Negra.
Quiero que allí reposen los maltratados hijos
de mi patria, saqueada por hachas y traidores,
desbaratada en su sagrada sangre,
consumida en volcánicos harapos.

Hermano, ésta es mi casa, entra en el mundo
de flor marina y piedra constelada
que levanté luchando en mi pobreza.
Aquí nació el sonido en mi ventana
como en una creciente caracola
y luego estableció sus latitudes
en mi desordenada geología.

....

«Testamento (1)»

Este libro termina aquí. Ha nacido
de la ira como una brasa, como los territorios
de bosques incendiados, y deseo
que continúe como un árbol rojo
propagando su clara quemadura.
Pero no sólo cólera en sus ramas
encontraste: no sólo sus raíces
buscaron el dolor sino la fuerza,
y fuerza soy de piedra pensativa,
alegría de manos congregadas.

....

Así termina este libro, aquí dejo
mi Canto general *escrito*
en la persecución, cantando bajo

las alas clandestinas de mi patria.
Hoy 5 de febrero, en este año
de 1949, en Chile, en «Godomar
de Chena», algunos meses antes
de los cuarenta y cinco años de mi edad.
                                    «Termino aquí»

☆   ☆   ☆

La idea del *Canto general de Chile* se instala en Neruda en 1938, al regresar a su patria luego del lustro español. Ese mismo año, y con una diferencia de poco más de tres meses entre sí, mueren su padre y la «mamadre» y se produce el conmovedor regreso a Temuco que el poeta dejó evocado en *La copa de sangre*: fatigado de viajes y batallas, Neruda siente el reclamo del sur, del bosque y el océano, de la chilenidad. Empeñándose, compra su casa de Isla Negra, entonces un remoto caserío sin luz ni agua corriente, cuarenta kilómetros al sur de Valparaíso. Allí piensa instalarse a componer su obra: las circunstancias de su azarosa vida y su profunda solidaridad harán que esos sencillos planes no puedan realizarse; el libro será escrito a lo largo de miles de kilómetros, demorará doce años hasta adquirir su forma definitiva, y para entonces habrá desbordado los perfiles de Chile para ser el *Canto* de toda América.

Ya se han visto las razones por las cuales 1939 es un nuevo paréntesis europeo en la vida de Neruda: cumplida su misión con los refugiados españoles, el poeta regresa nuevamente a su país. Auguralmente, lo hace en los umbrales de un nuevo año (2 de enero de 1940), y de la que será la década más americana de su vida. Poco permanece, sin embargo, en Chile propiamente dicho: su gobierno lo nombra cónsul general en México, hacia donde parte en agosto de ese año, y donde desempeñará sus funciones hasta el mismo mes de 1943. Durante setiembre y octubre retorna a Chile por la costa del Pacífico, en un largo y apoteósico viaje, al que precede el tumultuoso homenaje de sus amigos mexicanos: *En todas partes se le aclama como creo que ningún otro poeta lo haya sido*, escribe sobre este momento su biógrafa Margarita Aguirre; *Nunca un chileno ocupó un lugar más claro, entrañable y significativo en el espíritu de tantos países de América como Neruda,* confirma por aquella época su camarada Volodia Teitelboim.

Al año siguiente —pocos meses antes de cumplir los cuarenta de edad— se le otorga el Premio Municipal de Poesía de Santiago, y en 1945 el Nacional de Literatura. Honores y distinciones llueven sobre él, las ediciones y traducciones de sus obras se multiplican por esos años, mientras el *Canto general* continúa su lenta y laboriosa gestación.

Senador por el partido comunista desde marzo de 1945, su oposición al gobierno de Gabriel González Videla acaba por provocar su desafuero, arrancado por el mandatario a la venal Corte Suprema. El 5 de febrero de 1948 se dicta orden de detención contra Neruda, y el poeta comienza un fecundo período de vida clandestina, durante el cual concluirá su *Canto general*. Luego de una novelesca fuga a la Argentina, atravesando los Andes australes, sale también de ese país —donde la policía peronista no hubiese vacilado en entregarlo a su perseguidor— utilizando el pasaporte de Miguel Ángel Asturias, a quien le unía una gran amistad y un notable parecido físico. Ya en Europa —en abril de 1949— vuelve a la legalidad, y es invitado a participar en el Primer Congreso Latinoamericano de Partidarios de la Paz, que se realiza en México en setiembre de ese año. Allí se reencuentra con Matilde Urrutia —su última mujer, y actualmente su viuda—, a quien había conocido superficialmente en Chile, y se inicia la relación entre ambos: están juntos durante algunos meses, porque el poeta cae enfermo de cuidado, y debe permanecer en el Distrito Federal —donde Matilde vive por entonces, trabajando como directora de una escuela de canto— hasta fines de ese año.

En México, precisamente, y a comienzos de 1950, aparecerá la primera edición del *Canto general*, que es recibido con las más exaltadas críticas, y vertiginosamente traducido a las principales lenguas del mundo en los años siguientes.

Canto general (1938-1950)

Navegaciones y regresos
(1949-1964)

«Os amo idealismo y realismo,
como agua y piedra
sois
partes del mundo,
luz y raíz del árbol de la vida.»

Lejos de agotarse con el esfuerzo aluvional del *Canto general*, la poesía de Pablo Neruda parece tomar un impulso torrencial y oceánico a partir de él: durante los últimos años de su vida, su obra —ya extensa— se vuelve enorme y variadísima. Veinticinco libros hay que agregar a sus *Obras Completas* (dos volúmenes en papel biblia, con un total de 3.237 páginas, en la tercera edición, de abril de 1968) en continua ampliación, y diez más aparecieron póstumamente. Otro tanto puede decirse de su biografía, donde como escritor llega a la obtención del Premio Nobel, y como hombre público al ofrecimiento que se le hace de la candidatura a la presidencia de su país. Para los avatares de su vida pública y privada, remito por tanto al lector —a partir de ahora— a la extensa cronología que abre este volumen: en las páginas que restan, intentaré centrarme más bien en la evolución de su obra.

La elección de las fechas que acompañan al título de este capítulo no es arbitraria: en 1949, Neruda concluye el *Canto general*; en 1964, publica los cinco volúmenes de *Memorial de Isla Negra*. Considero que ambas son las obras maestras de su madurez poética (a las que habría que agregar *La barcarola*, de 1967). Pero durante estos quince años, Neruda escribe y publica, además, otros trece libros, a los que presentaré por sus afinidades —cuando las haya—, siguiendo en general el orden de su importancia, de menor a mayor.

Viajes es un libro en prosa, publicado en 1955, que contiene tres conferencias pronunciadas con anterioridad por Neruda. La más significativa de ellas es la primera («Viaje al corazón de Quevedo»), por la personal interpretación que hace allí de la metafísica quevediana, según la cual habría «una sola enfermedad que mata y ésa es la vida».

En 1960 da a conocer *Canción de gesta*, primer libro de poemas dedicado a la recién nacida revolución cubana, compuesto en endecasílabos consonantes por versos alternos; vale decir: en una de las formas métricas más tradicionales y populares para ser recordados de memoria o convertidos en canciones. Al año siguiente aparece *Las piedras de Chile*, un capítulo más —el capítulo lítico, podría decirse— de esa vasta crónica testimonial que está en el centro del proyecto poético nerudiano.

Dos son los libros de amor que el poeta dedica a su mujer, Matilde Urrutia; si bien ambos pueden verse como un todo, desde el punto de vista de la unidad emotiva que los dictó, son bien distintos en cuanto a su forma, su estructura, y yo diría que hasta su temperamento. *Los versos del capitán* (escrito en 1950; publicado en Italia por Paolo Ricci, en edición privada y anónima, en 1952, y por Losada, en forma igualmente anónima, en 1954; reconocido finalmente por su autor en 1963) es más bien una continuación —por la desbordada pasión que lo anima, y el lírico idealismo de su sentimiento— de los célebres *Veinte poemas*, sólo que transido de una mayor experiencia carnal, de una visión erótica con los pies sólidamente asentados en tierra. Los *Cien sonetos de amor* (1960) son, por el contrario, una de las empresas técnicamente más elaboradas de la poesía de Neruda. Estos «sonetos de madera» —como los llama el poeta, al referirse a su voluntaria renuncia al cantarino

Con Matilde Urrutia, su mujer

Con el director escénico Pedro Orthus, durante un ensayo de su **Joaquín Murieta**

recurso de la rima— suenan de todos modos con espléndida musicalidad, y bastarían por sí solos para desbaratar más de una torpe crítica sobre la seguridad y la intimidad de Neruda con su oficio (a tal punto es así, que habría que invertir de una vez por todas los términos de esa crítica: cuando Neruda desciende a componer versos demagógicos, reiterativos o plañideros, no es sin duda porque «no le salgan» mejor, sino porque tiene razones ideológicas —que se pueden considerar o no extrapoéticas: pero ése ya es otro debate— para escribir de esa manera).

Desde su salida de Chile, en 1949, hasta su triunfal regreso en agosto de 1952, Neruda permanece proscrito en su patria durante más de tres años, viajando incesantemente: en esta época descubre Italia y el esplendor del Mediterráneo, y son sus viajes a la URSS, a China y a la Europa del este. De esta ampliación de su visión europea y asiática, que continuará en los dos años posteriores (v. cronología) surge su libro más controvertido —tal vez el que cuenta con menos admiradores—, pero que era particularmente querido por el autor: *Las uvas y el viento*. Dijo Neruda de él, poco antes de publicarlo, en el Congreso Continental de la Cultura de Santiago de Chile, en 1953.

> Después de mi *Canto general* y de mis viajes por el mundo, he escrito un libro, sin nombre todavía, en que recojo lo que más he amado de la antigua y de la nueva Europa. Llamo nueva Europa a la Europa socialista. Quiero que este libro sea mi contribución a la paz. En él busco los mejores hechos de la Europa Occidental y de la Europa Oriental, busco los héroes y los pueblos, paisajes y productos, tierras, puentes, pueblos, vinos. Quiero que este canto reúna esta unidad amenazada: nuestro mundo de hoy.

Varios años después, en sus Memorias, saldrá en defensa de su obra más vapuleada.

> La verdad es que tengo cierta predilección por *Las uvas y el viento*, tal vez por ser mi libro más incomprendido; o porque a través de sus páginas yo me

eché a andar por el mundo. Tiene polvo de caminos y agua de ríos: tiene seres, continuidades y ultramar de otros sitios que yo no conocía y que me fueron revelados de tanto andar. Es uno de los libros que más quiero, repito.

Sin caer en la exageración de un crítico ecuatoriano —quien llegó a afirmar que en todo el libro no había más que seis páginas de verdadera poesía— tampoco comparto el entusiasmo del poeta por este título. Me parece a todas luces un libro de transición, una especie de respuesta europea al *Canto general*, en el que Neruda todavía no ha encontrado el tono mayor y la extraordinaria simplicidad expositiva que le permitirá ya, definitivamente, hablar *absolutamente de cualquier cosa*, sin perder la fluidez poética, convertida en una verdadera segunda respiración. Tiene, desde luego, más de seis páginas admirables, pero también demasiadas estrechamente panfletarias; más, por lo menos, de las que hubieran sido deseables para no desequilibrarlo.

El segundo de los libros de estos años al que también calificaría de transicional, es *Cantos ceremoniales* (1961). Por supuesto que, ya a estas alturas de la intensidad y la sabiduría poéticas de Neruda, hablar de transicional no puede resultar peyorativo, sino que debe entenderse dentro del contexto de la abigarrada obra nerudiana. *Cantos ceremoniales* —aisladamente, y en la producción de otro poeta menos cósmico y proteico— podría ser un libro mayor, aunque no lo sea en esos años de Neruda que produjeron los títulos que veremos después. Como ejemplo de la seguridad y la justeza del verbo del autor por entonces, creo que basta con transcribir el final de «El sobrino de Occidente», poema-prólogo del libro.

La arena que perdimos, la piedra, los follajes,
lo que fuimos, la cinta salvaje del nonato
se va quedando atrás y nadie llora:
la ciudad se comió no sólo a la muchacha
que llegó de Toltén con un canasto claro
de huevos y gallinas, sino que a ti también,

occidental, hermano entrecruzado,
hostil, canalla de la jerarquia,
y poco a poco el mundo tiene gusto a gusano
y no hay hierba, no existe rocío en el planeta.

En 1954 Neruda abre, con la publicación de *Odas
elementales*, una nueva, fecunda y extraordinaria ver-
tiente en su poesía, consiguiendo una hazaña inédita
en la poesía castellana: erigir un alto y autosuficiente
edificio poético, con la incesante acumulación y acarreo
de los materiales poéticos más ínfimos y hasta delez-
nables; con todo aquello que, hasta él, se había consi-
derado impropio del canto (al menos de una manera sistemática). La alcachofa, el caldillo de congrio, la cebolla,
el tomate, el alambre de púa, el aceite, los calcetines, el
hígado, la ciruela pueblan estos libros diáfanos y trans-
parentes (*Nuevas odas elementales* aparecerá al año siguiente, y *Tercer libro de las odas* en 1956; en rigor,
habría que agregar a este ciclo *Navegaciones y regresos*,
de 1959, y *Plenos poderes*, de 1962, ambos también ma-
yoritariamente libros de odas, por su concepción y su
lenguaje, con lo que la suma de las odas alcanza a nada
menos que 279 poemas). *Parece como si las cosas desvencijadas* —dice A. Comas, en el diccionario literario
Bompiani—, *polvorientas, en estado de desintegración,
que aparecían en* Residencia en la Tierra *cobraran de
pronto su plena personalidad, afirmaran su ser, su necesidad de existir. Neruda llega, en las* Odas, *a la total
conquista de lo objetivo.* Hasta el inconformable Alone
—patriarca de la crítica chilena, y enemigo político de
Neruda— se rinde a la evidencia del hallazgo maestro
del poeta, en un comentario que no tiene desperdicio:
*...desnudo de tristezas, oscuridades y odios, sin llanto
ni hermetismo, sin consignas, hallamos a un poeta ra-
diante de poesía universal, un poeta claro, el más sen-
cillo y claro, alegre, bueno (...) Afirman que esta claridad se la impuso el Soviet para que llegara hasta el
pueblo. Si fuera cierto, mucho habría que perdonarle
al Soviet; porque ha acertado mucho, porque Neruda
claro y alegre resulta infinitamente superior y, sobre*

todo —cosa poco marxista—, resulta libre, como si lo hubieran desatado y ya no marchara con aquel peso. Eliminada la amargura, proscrita la complicada oscuridad, era de temer que la poesía buscara con exceso el nivel común y descendiera hasta la prosa. Pues bien, nunca la poesía de Neruda ha parecido más auténtica.

El poeta evoca el punto de partida de la concepción de las *Odas*, que da razón a sus críticos y entronca directamente con la onfálica propuesta de la crónica en relación a su obra.

> ...me propuse un basamento originario, nacedor. Quise redescribir muchas cosas ya cantadas, dichas y redichas. Mi punto de partida deliberado debía ser el del niño que emprende, chupándose el lápiz, una composición obligatoria sobre el sol, el pizarrón, el reloj o la familia humana. Ningún tema podía quedar fuera de mi órbita; todo debía tocarlo yo andando o volando, sometiendo mi expresión a la máxima transparencia y virginidad.

La vocación sustantiva de Neruda, alcanza con las *Odas* su punto cenital: es el nombrador, el que funda la realidad por la palabra; su destino de poeta y su concepción de la poesía están definitivamente de acuerdo a partir de este ciclo. Vale la pena citar —como *Arte poética* de este momento, que mantendrá su vigencia de allí en adelante— «Deberes de mañana», el poema-epílogo que cierra *Navegaciones y regresos*.

> *Oda sin fin, mañana*
> *y ayer (hoy es temprano)*
> *nacen, nacieron, nacerán, sirviendo*
> *la sed del caminante y del camino,*
> *y caerán como la lluvia cae,*
> *como el otoño cae*
> *derramando*
> *la claridad del riego*
> *o un resumen errante y amarillo.*
>
> *A toda rueda digo,*

espera, rueda, espera:
ya voy, ya vengo, un solo
minuto
y rodaremos.

Sí, rueda, rodaremos,
insecto, insectaremos,
sí, fuego, fuegaremos,
sí, corazón,
lo sé,
lo sé,
y se sabe:
es a vida, es a muerte
este destino.
Cantando moriremos.

Otra de las piezas fundamentales de los años que se consideraron en este capítulo es el *Estravagario* (1958), sin duda el más singular de los libros de Neruda, ya que no tiene antecedentes en su obra ni tendrá continuación. Desde el festivo e inventado título (es la segunda y última vez que Neruda titula un libro con una palabra de su invención: el anterior fue *Crepusculario*, en las antípodas del que ahora se menciona), el libro todo es una pura delicia, un desenfadado tiovivo.

De todos mis libros, *Estravagario* no es el que canta más, sino el que salta mejor. Sus versos saltarines pasan por alto la distinción, el respeto, la protección mutua, los establecimientos y las obligaciones, para auspiciar el reverente desacato. Por su irreverencia es mi libro más íntimo. Por su alcance logra trascendencia dentro de mi poesía. A mi modo de gustar, es un libro morrocotudo, con ese sabor de sal que tiene la verdad.

También es otra prueba, y no será la última, de la incesante renovación de Neruda, de su extraordinaria inquietud por abarcar *toda* la poesía, por intentar extraer de sí la totalidad de sus vertientes ocultas. No encuentro mejor manera de comentar este libro juglaresco, carente de toda solemnidad y de todo propósito previo, que intentar una fugaz antología de versos sueltos, entresacados de los 78 poemas que lo integran. Toda la bonhomía, y el aire *zen* que la sabiduría de Neruda había alcanzado en su madurez, se transparenta en ellos.

> *Ahora si quieren se vayan.*
> *He vivido tanto que un día*
> *tendrán que olvidarme por fuerza,*
> *borrándome de la pizarra:*
> *mi corazón fue interminable.*
> *Pero porque pido silencio*
> *no crean que voy a morirme:*
> *me pasa todo lo contrario:*
> *sucede que voy a vivirme.*
>
> «Pido silencio»

> *Adiós, calles sucias del tiempo,*
> *adiós, adiós, amor perdido,*
> *regreso al vino de mi casa,*
> *regreso al amor de mi amada,*
> *a lo que fui y a lo que soy,*
> *agua y sol, tierra con manzanas,*
> *meses con labios y con nombres,*
> *regreso para no volver,*
> *nunca más quiero equivocarme,*
> *es peligroso caminar*
> *hacia atrás porque de repente*
> *es una cárcel el pasado.*
>
> «Regreso a una ciudad»

> *Yo te buscaré a quién amar*
> *antes de que no seas niño;*
> *después te toca abrir tu caja*
> *y comerte tus sufrimientos.*
>
> «Repertorio»

> *Si quieren no me crean nada.*
> *Sólo quise enseñarles algo.*

Yo soy profesor de la vida,
vago estudiante de la muerte
y si lo que sé no les sirve
no he dicho nada, sino todo.

«No tan alto»

Tengo miedo de todo el mundo,
del agua fría, de la muerte.
Soy como todos los mortales,
inaplazable.
Por eso en estos cortos días
no voy a tomarlos en cuenta,
voy a abrirme y voy a cerrarme
con mi más pérfido enemigo,
Pablo Neruda.

«El miedo»

He visto algunos monumentos
erigidos a los titanes,
a los burros de la energía.
Allí los tienen sin moverse
con sus espadas en la mano
sobre sus tristes caballos.
Estoy cansado de las estatuas.
No puedo más con tanta piedra.
Si seguimos así llenando
con los inmóviles el mundo,
cómo van a vivir los vivos?

«Cierto cansancio»

Y entonces si me dejan tranquilo
me voy a cambiar de persona,
voy a discrepar de pellejo,
y cuando ya tenga otra boca,
otros zapatos, otros ojos,
cuando ya sea diferente
y nadie pueda conocerme
seguiré haciendo lo mismo
porque no sé hacer otra cosa.

«Partenogénesis»

Así, para salir de dudas
me decidí a una vida honrada
de la más activa pereza,
purifiqué mis intenciones,
salí a comer conmigo solo
y así me fui quedando mudo.
A veces me saqué a bailar,
pero sin gran entusiasmo,
y me acuesto solo, sin ganas,
por no equivocarme de cuarto.

«Sobre mi mala educación»

Ahora va de veras dijo
la Muerte y a mí me parece
que me miraba, me miraba.

«Laringe»

Ya está la tierra entorno
de mí dándome vueltas
como el metal al son de la campana.

«Pacaypallá»

A lo largo de los renglones
habrás encontrado tu nombre,
lo siento muchísimo poco,
no se trataba de otra cosa
sino de muchísimas más,
porque eres y porque no eres
y esto le pasa a todo el mundo,
nadie se da cuenta de todo
y cuando se suman las cifras
todos éramos falsos ricos:
ahora somos nuevos pobres.

«Testamento de otoño»

En 1964, y el mismo día en que cumplía sus sesenta
años, Neruda se regaló la edición de los cinco volúmenes de *Memorial de Isla Negra*, al que considero como
su obra más representativa. No digo el libro más hermoso, sino el más representativo. La síntesis antológica
de la poética nerudiana, está presente en él como en

ninguno otro; la recontada autobiografía («Éste soy, yo diré, para dejar / este pretexto escrito: ésta es mi vida.»); la concepción de la crónica como yacimiento de lo poético («es decir, todo lo que sucediendo / se va y se queda inexorablemente»).

> En esta obra he vuelto también, deliberadamente, a los comienzos sensoriales de mi poesía, a *Crepusculario*, es decir, a una poesía de la sensación de cada día. Aunque hay un hilo biográfico, no busqué en esta larga obra, que consta de cinco volúmenes, sino la expresión venturosa o sombría de cada día. Es verdad que está encadenado este libro como un relato que se dispersa y que vuelve a unirse, relato acosado por los acontecimientos de mi propia vida y por la naturaleza que continúa llamándome con todas sus innumerables voces.

Donde nace la lluvia, La luna en el laberinto, El fuego cruel, El cazador de raíces y *Sonata crítica* son, por orden de lectura, los títulos de los cinco libros del *Memorial*.

El itinerario comienza en el remoto Temuco, donde el poeta descubre la soledad austral, la lluvia, el bosque.

> *Desde entonces mi amor*
> *fue maderero*
> *y lo que toco se convierte en bosque.*
> *Se me confunden*
> *los ojos y las hojas*
> *ciertas mujeres con la primavera*
> *del avellano, el hombre con el árbol,*
> *amo el mundo del viento y del follaje,*
> *no distingo entre labios y raíces.*
> > «Primer viaje»

Es el tiempo presidido aún por la «mamadre», por el amor

> *de la que cocinó, planchó, lavó,*
> *sembró, calmó la fiebre,*

y cuando todo estuvo hecho,
y ya podía
yo sostenerme con los pies seguros,
se fue, cumplida, oscura,
al pequeño ataúd
donde por vez primera estuvo ociosa
bajo la dura lluvia de Temuco.

Y del severo ferroviario Reyes, que en vano intentó apartar al hijo de la poesía.

Mi pobre padre duro
allí estaba, en el eje de la vida,
la viril amistad, la copa llena.
Su vida fue una rápida milicia
y entre su madrugar y sus caminos,
entre llegar para salir corriendo,
un día con más lluvia que otros días
el conductor José del Carmen Reyes
subió al tren de la muerte y hasta ahora
                        [no ha vuelto.

Es también el tiempo de las primeras sospechas eróticas, sin la edad aún para realizarlas pero con la suficiente fantasía como para que se abriera «la flor hambrienta y pura del deseo»; de la primera visita de la poesía («rodé con las estrellas, / mi corazón se desató en el viento.») Llega después el crecimiento, y con él el desasosiego, la búsqueda de una identidad que tal vez es nostalgia de aquella otra que se tuvo sin ser consciente de ello.

y de repente apareció en mi rostro
un rostro de extranjero
y era también yo mismo:
era yo que crecía,
eras tú que crecías,
era todo,
y cambiamos
y nunca más supimos quiénes éramos,
y a veces recordamos

al que vivió en nosotros
y le pedimos algo, tal vez que nos recuerde,
que sepa por lo menos que fuimos él, que hablamos
con su lengua,
pero desde las horas consumidas
aquél nos mira y no nos reconoce.

«El niño perdido»

El *Memorial* continúa, infatigable, por los arenales del recuerdo: el descubrimiento de Santiago y la melancólica pensión de la calle Maruri; la nostalgia por la Terusa abandonada en Temuco, y la pasión por la Rosaura encontrada en la capital; los amigos, en el *carrousel* de la bohemia («entre botellas rojas que estallaban / a veces derramando sus rubíes, / constelando fantásticas espadas, / conversaciones de la audacia inútil.»); la fascinación por el Oriente tropical, en donde nunca dejó, sin embargo, de ser un extraño («Llegué más extranjero que los pumas / y me alejé sin conocer a nadie / porque tal vez me trastornó los sesos / la luz occipital del paraíso.»); la ácida visión de París, en su primer y fugaz tránsito europeo, en 1927.

Aún quedaban tangos en el suelo,
alfileres de iglesia colombiana,
anteojos y dientes japoneses,
tomates uruguayos,
algún cadáver flaco de chileno,
todo iba a ser barrido,
lavado por inmensas lavanderas,
todo terminaría para siempre:
exquisita ceniza para los ahogados
que ondulaban en forma incomprensible
en el olvido natural del Sena.

«París 1927»

Antes de continuar su viaje, el poeta hace un alto para realizar el primero de los exámenes de conciencia que el libro incluye, entretejidos con la biografía o con la crónica.

A veces tengo miedo
de caminar junto al río remoto,
de mirar los volcanes
que siempre conocí y me conocieron:
tal vez arriba, abajo,
el agua, el fuego, ahora me examinan:
piensan que ya no digo la verdad,
que soy un extranjero.

«Las cartas perdidas»

Pero retoma su hilo de Ariadna para recontar, en versión definitiva, la guerra de España, la perdida ciudad que amó («Me gustaba Madrid por arrabales, / por calles que caían a Castilla / como pequeños ríos de ojos negros»), el regreso a Chile, la experiencia política en el Senado de su patria. En un nuevo paréntesis, el poeta deja de contar: piensa. Piensa el mar, la nieve, el insomnio, su conciencia, el invierno («He esperado este invierno como ningún invierno / se esperó por un hombre antes de mí»), la selva, la noche, la cordillera: comprende que «vivir es un precepto obligatorio». Y abre entonces su *Sonata crítica*, diecinueve poemas finales que son un minucioso arreglo de cuentas consigo mismo. Casi al comienzo escribe, con serenidad y madurez:

Se amanece sin deudas
y sin dudas
cambia el día,
rueda la rueda,
se transfigura el fuego.

No va quedando nada
de lo que amaneció, se fue quemando
la tierra uva por uva,
se fue quedando el corazón sin sangre,
la primavera se quedó sin hojas.

«Se amanece»

El poeta no puede esquivar nada en este denso viaje hacia su hondura, y dedica un largo poema («El episo-

dio») a la crisis que significó para él el desencanto del
stalinismo, luego de las revelaciones del Vigésimo Congreso. Hechas las cuentas sobre el tema, retoma la alegre simplicidad de las *Odas* («Atención al Mercado»),
para concluir con una renovada profesión de fe («El
futuro es espacio»).

Unos versos de «No hay pura luz» —poema inscrito
hacia la mitad del *Memorial*— hablan mejor que cualquier comentario sobre la sabiduría y el equilibrio de
esta obra, en la que Neruda parece haber reunido la
pluralidad de sus voces, en una suerte de antología
total.

> *Es tarde, tarde. Y sigo. Sigo con un ejemplo*
> *tras otro, sin saber cuál es la moraleja,*
> *porque de tantas vidas que tuve estoy ausente*
> *y soy, a la vez soy aquel hombre que fui.*
> *Tal vez es éste el fin, la verdad misteriosa.*

Jardín de invierno (1965-1973)

«Pero no tuve tiempo ni tinta para todos.»

Una decena de libros publicará todavía Neruda antes de morir, amén de escribir y estrenar su única obra de teatro: *Fulgor y muerte de Joaquín Murieta*, donde narra las aventuras y las desventuras de un bandolero chileno en la California de la fiebre del oro, y que es una ampliación dramatizada de un episodio de *La barcarola*.

En 1966 ve la luz *Arte de pájaros*, medio centenar de poemas de una maestría estilística que bordea en ocasiones el virtuosismo, con los que supongo Neruda debe haberse divertido mucho. Este manual ornitológico podría bien ser un sexto libro de las *Odas*: con la sabiduría y la técnica que había desarrollado, Neruda podía por entonces dedicar un libro completo a cualquier aspecto de la realidad que le interesase lo bastante, sin riesgo de caer en la reiteración.

Una casa en la arena son 39 composiciones —prosas, casi en su totalidad— ilustradas con fotografías de Sergio Larraín, que publicó en el mismo año la barcelonesa editorial Lumen (una especie de globo sonda sobre el retorno a España de la prohibida palabra del poeta).

Las manos del día, de 1968, es otro libro temático, cuyo *leit-motiv* es la manufactura. Una poesía, podría decirse, en defensa de la corriente antropológica que sustenta la definición de *homo faber* para especificar lo humano, más humilde y sensata que la que entronizó al autosuficiente *homo sapiens*: humano es el animal capaz de fabricar utensilios. En el primero de los LXVIII cantos que integran el libro, Neruda comienza por lamentar su propia ineptitud manual.

> *Me declaro culpable de no haber*
> *hecho, con estas manos que me dieron,*
> *una escoba.*
> *¿Por qué no hice una escoba?*
> *¿Por qué me dieron manos?*

Durante varios cantos sigue el poeta apostrofando a sus manos inútiles que no trabajaron metal ni roturaron tierra, y alabando a las otras; las constructoras de la realidad sensible. Hasta que se descubre el *bajo continuo* de la melodía, el subterráneo tema del libro que por insólito es difícil de apresar en una primera lectura: el poeta está cansado; por primera y única vez en su obra, una cierta fatiga, un desencanto, una telaraña se interpone entre su canto y su voluntad.

> *No volverán aquellos anchos días*
> *que sostuvieron, al pasar, la dicha.*
> *Un rumor de fermentos*
> *como sombrío vino en las bodegas*
> *fue nuestra edad. Adiós,*
> *adiós, resbalan*
> *tantos adioses como las palomas*
> *por el cielo, hacia el sur, hacia el silencio.*

La monotonía de la existencia, la usura del tiempo, la gangrena que desde la vida asciende hacia la muerte, se deslizan por estas páginas otoñales. Pero Neruda se repone del bajón, se sacude la melancolía y vuelve al camino con *Fin de mundo*, una puesta a punto con su tiempo en el que además hace un alarde de destreza poética en el manejo de los difíciles eneasílabos. Un elemento, sin embargo, ha desaparecido de la poesía nerudiana a partir de *Las manos del día*, y esa ausencia es notoria en *Fin de mundo*, y en *Aún*, libros ambos de 1969: la euforia. Desde mi punto de vista, esta desapa-

El despacho del poeta, con la ventana abierta sobre el Pacífico

La sabiduría **zen** que Neruda había alcanzado, patente en esta foto de sus últimos años

Jardín de invierno (1965-1973)

rición no es una carencia sino todo lo contrario: a los 65 años. Neruda era ya demasiado sabio como para persistir eufórico; su ideológica confianza evolucionista continúa inconmovible, pero él personalmente está de vuelta de todo: sabe que nada nuevo puede ya ocurrirle, y contempla su obra como la vasta pradera que en realidad era, como una extensión definitiva sin otra justificación que ella misma.

Tal vez desde ahí deba observarse el para muchos incomprensible giro de la inspiración de Neruda en su libro siguiente: *La espada encendida*, de 1970.

> En esta fábula se relata la historia de un fugitivo de las grandes devastaciones que terminaron con la humanidad. Fundador de un reino emplazado en las espaciosas soledades magallánicas, se decide a ser el último habitante del mundo, hasta que aparece en su territorio una doncella evadida de la ciudad áurea de los Césares.
>
> El destino que los llevó a confundirse levanta contra ellos la antigua espada encendida del nuevo Edén salvaje y solitario.
>
> Al producirse la cólera y la muerte de Dios, en la escena iluminada por el gran volcán, estos seres adánicos toman conciencia de su propia divinidad.

A través de la peripecia de Rhodo y Rosía —su pareja edénica— Neruda culmina coherentemente, en el ocaso de su propia vida, la parábola amorosa de su obra. El desgarrado erotismo de sus primeros libros, convertido luego en solidario amor universal, y retransformado gozosamente a partir del último matrimonio del poeta (el *amante-amado* de la plenitud), deviene ahora sentimiento cósmico y místico (y la «muerte de Dios» no lo niega sino que lo confirma), con todo el hondo y bronco sonar de las teogonías, rodando desde el fondo de los tiempos. El siguiente libro de Neruda (*Las piedras del cielo*, 1971), lo denuncia desde el título.

Alguna vez corriendo
por fuego de volcán o uva del río

> *o propaganda fiel de la frescura*
> *o caminata inmóvil en la nieve*
> *o polvo derribado en las provincias*
> *de los desiertos, polvareda*
> *de metales,*
> *o aún más lejos, polar, patria de piedra,*
> *záfiro helado,*
> *antártica,*
> *en ese punto o puerto o parto o muerte*
> *piedra seremos, noche sin banderas,*
> *amor inmóvil, fulgor infinito,*
> *luz de la eternidad, fuego enterrado,*
> *orgullo condenado a su energía,*
> *única estrella que nos pertenece.*

Siguen a éste *Geografía infructuosa* de 1972, e *Invitación al nixonicidio y alabanza de la revolución chilena*, último libro publicado por el poeta, en 1973, pocos meses antes de morir. Calificado de *panfleto* por el propio Neruda («recurro a las armas más antiguas de la poesía, al canto y al panfleto usados por clásicos y románticos y destinados a la destrucción del enemigo») poco puede agregarse sobre él, salvo que está concebido en forma impecable dentro de su género, abundando en tercetos de rima sencilla y metro popular, aptos para ser aprendidos y repetidos como consignas.

He dejado deliberadamente para el final de este capítulo un comentario sobre *La barcarola*, en mi opinión el mayor libro del poeta desde *Memorial de Isla Negra* hasta su muerte.

> Yo escribí un libro grande con versos, lo llamé *La barcarola*, y era como una cantilena, yo picaba aquí y acá en mis materiales, de los que dispongo, y éstos son a veces aguas o trigos, sencillas arenas a veces, canteras o acantilados duros y precisos, y siempre el mar con sus silencios y sus truenos, eternidades de que dispongo aquí cerca de mi ventana y alrededor de mi papel, y en este libro hay episodios que no sólo cantan sino cuentan, porque antaño era así, la poesía cantaba y contaba, y yo soy así, de antaño, y no tengo remedio...

Nunca Neruda había «cantado y contado» tan *a toda orquesta* como en esta obra maestra de su madurez: endecasílabos alternan con alejandrinos, eneasílabos con versos de pie quebrado o irregulares monturas de asombrosa perfección rítmica; casi siempre trabaja con versos de metro mayor, en todas sus variantes de acentuación tónica, lo que le permite una verdadera lidia de lujo del toro poético.

Temáticamente *La barcarola* reúne, además, algunos de los mayores logros de Neruda en varios frentes: el reconocimiento de su geneaología (en el estupendo homenaje a Rubén, que se llama simplemente «R. D.»), su vocación cancionera (los perfectos y simplísimos endecasílabos del diálogo entre Murieta y su amada), su costado testimonial (en la reiterada, y pocas veces tan bella, descripción de la patria), su interpretación de la historia (en los sendos homenajes a lord Cochrane y a Artigas). También —y este aspecto recorre el libro de punta a punta, y lo sostiene— está en *La barcarola* el encuentro con la plenitud del amor; el profundo sentimiento de haber llegado a puerto.

Amante, te amo y me amas y te amo:
son cortos los días, los meses, la lluvia, los trenes:
son altas las casas, los árboles, y somos más altos:
se acerca en la arena la espuma que quiere besarte:
transmigran las aves de los archipiélagos
y crecen en mi corazón tus raíces de trigo.

No hay duda, amor mío, que la tempestad de septiembre
cayó con su hierro oxidado sobre tu cabeza
y cuando, entre rachas de espinas te vi caminando in-
[defensa,
tomé tu guitarra de ámbar, me puse a tu lado,
sintiendo que yo no podía cantar sin tu boca,
que yo me moría si no me mirabas llorando en la lluvia.

Porque los quebrantos de amor a la orilla del río,
porque la cantata que en pleno crepúsculo ardía en mi
[sombra,

por qué se encerraron en ti, chillaneja fragante,
y restituyeron el don y el aroma que necesitaba
mi traje gastado por tantas batallas de invierno?

Con la maestría que sólo puede dar medio siglo de
alto ejercicio poético, Neruda hace acrobacias en *La
barcarola* («la risa y la rosa», en el poema a Rubén
Azócar; «Me gustó desde que era nonato escuchar las
campanas», cinco acentos casi imposibles en un solo
verso), dispara los adjetivos y los nombres como otras
tantas dianas.

Oh patria, hermosura de piedras, tomates, pescados,
                              [cereales, abejas, toneles,
mujeres de dulce cintura que envidia la luna menguante,
metales que forman tu claro esqueleto de espada,
aromas de asados de invierno con luz de guitarras noc-
                              [turnas,
perales cargados de miel olorosa, chicharras, rumores
de estío relleno como los canastos de las chacareras,
oh amor de rocío de Chile en mi frente, destruye este
                              [sueño de ira,
devuélveme intacta mi patria pequeña, infinita, callada,
                              [sonora y profunda!

Los ejemplos podrían multiplicarse casi hasta la reproducción del libro todo. Quisiera terminar citando el,
para mí, más bello de los frecuentes «ajustes de cuentas» de los últimos libros de Neruda: es el final del
poema «Estoy lejos», incluido entre el segundo y el tercer episodio de *La barcarola.*

Yo cambié tantas veces de sol y de arte poética
que aún estaba sirviendo de ejemplo en cuadernos de
                              [melancolía
cuando ya me inscribieron en los nuevos catálogos de
                              [los optimistas,
y apenas me habían declarado oscuro como boca de
                              [lobo o de perro
denunciaron a la policía la simplicidad de mi canto

y más de uno encontró profesión y salió a combatir mi
[*destino*
en chileno, en francés, en inglés, en veneno, en ladrido,
[*en susurro.*
Aquí llevo la luz y la extiendo hacia el mal compañero.
La luz brusca del sol en el agua multiplica palomas,
[*y canto.*
Será tarde, el navío entrará en las tinieblas, y canto.
Abrirá su bodega la noche y yo duermo cubierto de
[*estrellas. Y canto.*
Llegará la mañana con su rosa redonda en la boca. Y yo
[*canto.*
Yo canto. Yo canto. Yo canto. Yo canto.

Libro de las preguntas
(1974-1978)

> *«Si no dejé tranquilo a nadie*
> *no me van a dejar tranquilo,*
> *y se verá y eso no importa:*
> *publicarán mis calcetines.»*

Pablo Neruda murió la noche del 23 de setiembre de 1973. En febrero de ese año, su biógrafa Margarita Aguirre lo visita por penúltima vez: *En cuadernos de tapas verdes —escribe—, en tinta también verde, va escribiendo lo que serán varios libros diferentes. Pablo considera de mala suerte que le hurguen en sus originales, pero yo no pude resistir la tentación y anoté los hasta ahora probables títulos.* Ellos eran: *Defectos escogidos y otros poemas confidenciales, Libro de las preguntas, El corazón amarillo, El libro de los Guzmanes y El mar y las campanas.*

En junio del mismo año —tres meses antes de la muerte del poeta— Margarita Aguirre vuelve a Isla Negra, donde estará con Neruda por última vez. *Además de esta serie de libros que escribe —informa—, Pablo dictó en París hasta el momento de regresar, un libro de memorias en prosa, Está basado, me contó, sobre las publicadas durante el año 1962, en la revista* O'Cruzeiro. *Pablo nunca dejó que se publicaran en sus* Obras Completas *pues siempre tuvo la idea de ampliarlas. Todavía están inconclusas y Homero, su secretario, trabaja en pasar en limpio las trescientas páginas escritas, esperando el momento en que el poeta retome su continuación.*

Premio Nobel I: la entrega del premio

Premio Nobel II: el baile de gala, con Matilde

Libro de las preguntas (1974-1978)

Hay que agregar que Neruda acababa de concluir su *Incitación al nixonicidio* —que se publicó en febrero de ese año—, que estaba enfermo —la Aguirre lo encontró aquejado de reúma—, y que su preocupación política por la tragedia chilena que se avecinaba —y que él vislumbró con toda lucidez, en su manifiesto de mediados de 1973— iba en aumento. Lo más probable es que no haya dictado una página más a Homero Arce en relación a sus Memorias, y que poco o nada haya avanzado en los borradores de sus libros inconclusos.

Ahora bien: 1974, no obstante las reflexiones apuntadas, se convirtió en un insólito festival póstumo de Neruda. Aparecen cuatro de los cinco libros «espiados» por Margarita Aguirre —*El libro de los Guzmanes* se esfuma en el tumulto—, a los que hay que agregar *Jardín de invierno* —mencionado por el poeta, en carta a la revista *Crisis*—, y tres más aún que no sé hayan sido anticipados en parte alguna: *La rosa separada*, *2000* y *Elegía*. En lo que respecta a las Memorias, las trescientas páginas mecanografiadas de Homero Arce, se transforman en más de quinientas impresas por Seix y Barral bajo el título *Confieso que he vivido*. En este año de 1978, finalmente (¿finalmente?), la misma editorial barcelonesa publica *Para nacer he nacido*, otras quinientas páginas de prosa de varia lección, entresacada de los más diversos lugares, y organizada en ocho cuadernos que pretenden darle cierto orden.

No tengo nada contra los albaceas literarios, aun cuando contravengan las disposiciones del muerto (el caso de Max Brod en relación a Franz Kafka es el más célebre y sintomático de lo que quiero decir): la obra de todo creador pertenece mucho más al mundo que a sí mismo, y con mayor razón cuando él ha terminado su parábola terrestre.

Lo que objeto en el caso de Neruda, es el procedimiento. Tengo conmigo en este momento tres de los libros póstumos de poemas, ninguno de los cuales supera la categoría de un borrador. Desde luego que se trata de borradores de Neruda, y su publicación es siempre interesante para devotos de su obra: pero un mínimo de seriedad hubiese exigido reunirlos en un solo volumen, con un estudio preliminar que ayudase a situarlos en la cronología y en la obra del poeta, y una presentación que los distinguiese de sus obras acabadas. En lo que se refiere a *Confieso que he vivido* la cosa es aún más grave, ya que el procedimiento de *collage* y pegoteo al que se ha recurrido para dotarlo de una continuidad que evidentemente no tenía, no sólo deja malparado a Neruda como narrador, sino que roza la mala fe intelectual. La carencia de un prólogo, de una explicación firmada sobre el método empleado en la composición del libro, es más grave todavía en este caso que en el de los poemas (la mención a los compaginadores, casi escamoteada en unas líneas de la contraportadilla, es una señal para especialistas *pero no* para el público en general).

Es de desear que las publicaciones póstumas de Neruda hayan concluido con la reciente aparición de *Para nacer he nacido*, o que se realicen en el futuro con mayor rigor. No agregan nada a su obra, de todos modos, y si su publicación se justifica como ayuda a la tarea de investigadores y eruditos, lo que parece lógico pedirles es que aparezcan arropadas por un aparato útil a la erudición.

Conclusión

«Y no sé si será pecar de jactancia decir,
a los años que llevo, que no renuncio a seguir atesorando todas las cosas que yo
haya visto o amado, todo lo que haya sentido, vivido, luchado, para seguir escribiendo el largo poema cíclico que aún no he
terminado, porque lo terminará mi última
palabra en el final instante de mi vida.»

Poeta de la diversidad en la monotonía; de la fidelidad
a una concepción de lo poético, desarrollada y asaltada
reiteradas veces cambiando de estrategia, el caso de
Pablo Neruda no tiene paralelo en nuestro tiempo. Su
vocación de cronista necesitó de su portentosa capacidad verbal para no quedar aplastada bajo el peso de
cincuenta años de incesante trabajo, de más de medio
centenar de libros. Quienes critican esa prodigalidad no
entienden que ella está no sólo en el punto de partida
de su obra, sino que es la razón necesaria y suficiente de
su manifestación: como Homero, como Whitman, como
Darío, Neruda no podía cantar en voz baja ni interrum-
pirse para tomar aliento. Cuando una poética —y es el
caso de la suya— suma la vigilante atención del cronista al carácter fundacional de la palabra, su transporta-
dor está condenado a ser un desorbitado, un fanático,
un trabajador infatigable, a riesgo de excesos y reitera-
ciones: cualquier vacilación, lo mataría; cualquier olvido, bastaría para abolir el desmesurado proyecto de su
obra, que no pretende otra cosa que la reproducción
del universo.

Noviembre de 1972: Pinochet aplaude a Neruda durante el homenaje en el Estadio Nacional con motivo de la obtención del Premio Nobel. Diez meses después, el poeta estará muerto, y el general habrá olvidado su entusiasmo: la historia continúa

Es fácil —casi es pedestre— encontrar peces muertos en la vastedad de este océano; lo difícil es encontrar paralelo a la cantidad de sus aciertos, a la tenacidad y la limpieza con la que Neruda se hizo digno de su improbable propuesta.

Si la poesía es, en esencia, una partida perdida de antemano; si todo gran poeta sabe —o intuye— que la realidad no es verbal, y que su palabra arañará siempre el misterio sin conseguir abolirlo, alguna forma de desesperada confianza tiene que mover a un hombre para hacerle consumir su vida en este asedio. Pienso que, en el caso de Neruda, esa confianza fue su amor humano, con exclusión de todo lo divino; su certeza del porvenir solar del hombre, de su ascenso incesante e indetenible a través de la historia, desde el primate vacilante al ángel encarnado que le espera como finalidad de su destino.

Ésa es, sin duda, la mayor debilidad de su obra —con demasiada frecuencia, se sabe, los evangelios están reñidos con la inteligencia—, la causa de sus caídas en la ingenuidad, la simplificación o el dogmatismo. Pero también allí hay que ir a buscar la sustentación de su grandeza: no se construye una catedral desde la duda, no se profetiza sin fe, no se conquista América sin fanatismo.

Una certidumbre absoluta me parece ver que se levanta de las miles de páginas escritas por Neruda: fue capaz de intentar su obra, y de realizarla con tanta coherencia, porque creyó en los hombres y se impuso el deber de dejarles un evangelio con ese voto de confianza. Se comparta o no su visión de la realidad y de la poesía, Neruda realizó la gigantesca tarea de sistematizar a ambas en beneficio del hombre. Su triunfo o su fracaso, son nuestros: de la imagen especular que su obra nos devuelve, todos somos deudores.

en Calaceite (Teruel),
octubre y noviembre de 1978

Conclusión

Bibliografía

Libros de Pablo Neruda

1923. *Crepuscolario*, Claridad, Santiago de Chile (la edición definitiva es de Nascimento, en 1926).
1924. *Veinte poemas de amor y una canción desesperada*, Nascimento, Santiago de Chile.
1925. *Tentativa del hombre infinito*, íd. íd.
1926. *El habitante y su esperanza*, íd. íd.
       Anillos, íd. íd.
1933. *El hondero entusiasta*, Empresa Letras, Santiago de Chile.
1935. *Residencia en la Tierra*, Cruz y Raya, Madrid, 2 volúmenes.
1937. *España en el corazón*, Ercilla, Santiago de Chile.
1947. *Las furias y las penas*, Cruz del Sur, Santiago de Chile.
       Tercera residencia, Losada, Buenos Aires.
1950. *Canto general*, Océano, México.
1954. *Los versos del capitán*, Losada, Buenos Aires.
       Las uvas y el viento, Nascimento, Santiago de Chile.
       Odas elementales, Losada, Buenos Aires.
1955. *Viajes*, Nascimento, Santiago.
       Nuevas odas elementales, Losada, Buenos Aires.
1957. *Tercer libro de las odas*, íd. íd.
1958. *Estravagario*, íd. íd.
1959. *Navegaciones y regresos*, íd. íd.
1960. *Cien sonetos de amor*, íd. íd.
       Canción de gesta, Ministerio de Educación, La Habana.

1961. *Las piedras de Chile*, Losada, Buenos Aires.
     Cantos ceremoniales, íd. íd.
1962. *Plenos poderes*, íd. íd.
1964. *Memorial de Isla Negra*, íd. íd.; 5 tomos.
1966. *Arte de pájaros*, Sociedad Amigos del Arte Contemporáneo, Santiago de Chile.
     Una casa en la arena, Lumen, Barcelona.
1967. *Fulgor y muerte de Joaquín Murieta*, Zig-Zag, Santiago.
     La barcarola, Losada, Buenos Aires.
     Obras completas, íd. íd.; dos volúmenes en papel biblia.
1968. *Las manos del día*, íd. íd.
1969. *Fin de mundo*, Sociedad de Arte Contemporáneo, Santiago.
     Aún, Nascimento, Santiago.
1970. *La espada escendida*, Losada, Buenos Aires.
     Las piedras del cielo, íd. íd.
     Comiendo en Hungría (en colaboración con Miguel Ángel Asturias), Lumen, Barcelona.
     La copa de sangre, A. Tallone, Alpignone, Italia.
1972. *Geografía infructuosa*, Losada, Buenos Aires.
1973. *Incitación al nixonicidio y alabanza de la revolución chilena*.
1974. *Confieso que he vivido*, Seix Barral, Barcelona.
     La rosa separada, Losada, Buenos Aires.
     Jardín de invierno, íd. íd.
     2000, íd. d.
     El corazón amarillo, íd. íd.
     Libro de las preguntas, íd. íd.
     Elegía, íd. íd.
     El mar y las campanas, íd. íd.
     Defectos escogidos, íd. íd.
1978. *Para nacer he nacido*, Seix Barral, Barcelona.

Libros sobre Pablo Neruda

Alfonso M. Escudero, en *Fuentes para el conocimiento de Pablo Neruda*, recoge 1.037 referencias bibliográficas sobre el poeta, reconociendo que su trabajo no es ni con mucho exhaustivo. El dato es de 1967, antes de muchas de las traducciones que hoy existen de la obra de Neruda a todas las lenguas del mundo, y de sus últimos quince libros; antes de la concesión del Premio Nobel; antes —sobre todo— de la conmoción mundial que significó su muerte coincidiendo con la tragedia del pueblo chileno. No sería aventurado suponer que un estudio como el de Escudero, realizado en la actualidad, no bajaría de las 5.000 fichas. Está claro que, ni remotamente, se puede hacer una selección de ese material en los límites de este libro. Me conformo, por tanto, con citar algunos títulos accesibles y en castellano entre los más completos que conozco.

Poesía y estilo de Pablo Neruda, de Amado Alonso; Losada, Buenos Aires, 1940 (hay reediciones más recientes en Editorial Sudamericana).

Pablo Neruda, Mario Jorge de Lellis; La Mandrágora, Buenos Aires, 1957.

Para una crítica de Pablo Neruda, Roberto Salama; Cartago, Buenos Aires, 1957.

Pablo Neruda, Raúl Silva Castro; Santiago de Chile, 1964.

Poética y poesía de Pablo Neruda, Jaime Alazraki; Las Américas, Nueva York, 1965.

El viajero inmóvil (introducción a Pablo Neruda), Emir Rodríguez Monegal; Losada, Buenos Aires, 1966.

Ser y morir en Pablo Neruda, Hernán Loyola; Santiago de Chile, 1967.

Las vidas de Pablo Neruda, Margarita Aguirre; Grijalbo, 1973.

Títulos publicados

HERMANN HESSE

NIETZSCHE

SARTRE

LENIN

KAFKA

FREUD

BERTRAND RUSSELL

VISCONTI

ALEIXANDRE

BORGES

JOYCE

EL SURREALISMO

HEGEL

MAX WEBER

MAO

THOMAS MANN

ROSA LUXEMBURG

BAUDELAIRE

ROUSSEAU

LEONARDO DA VINCI